추천사

콘텐츠 크리에이터 멜로디 @melody.travel

저자와 함께 여러 번 여행을 다니며 느낀 건, 이 작가는 정말 '사진'에 진심이라는 거였다.
그런 사람이 쓴 책인 만큼 단순히 글로 설명하는 데 그치지 않고,
마치 바로 옆에서 1:1로 과외해 주는 것처럼 자세한 스크린샷과 설명이 담겨 있다.
이 책을 옆에 두고 따라가다 보면,
사진이 낯선 초보자도 자연스럽게 '나만의 작품'을 만들어 낼 수 있을 거라고 믿는다!

추천사

콘텐츠 크리에이터 **올리버 여행기** @oliver_travel_

'어떻게 찍어야 예쁘게 나올까?'
스마트폰 카메라 앞에서 고민하는 모든 분께 완벽한 길잡이가 되어 줄 책입니다.
감성적인 이미지로 사랑받아 온 저자의 분야별 촬영 노하우와 보정 기법이
친절하게 가득 담겨 있습니다.
단순한 기술서를 넘어 일상 속 순간을 감동적인 작품으로 만들어 주는 실용적인 안내서로,
SNS 시대를 살아가는 모든 분께 추천합니다.

여행 인플루언서 **여행 대장 수블리** @suvely07

스마트폰을 어디까지 활용할 수 있는지 가능성을 보여 준 최고의 책입니다.
초보자 눈높이로 맞춤 설명해서 누구나 감성적인 오늘을 담을 수 있음을 정확히 안내합니다.
사진 촬영 그리고 보정이 어려웠던 분들께 이 책을 강력하게 추천합니다.

오늘을 남기는 기록, 스마트폰 사진 촬영&보정

반짝이는 순간들로 일상을 채우세요.
된다! 라이프 시리즈가
당신의 삶을 더 풍요롭게 만듭니다.

오늘을 남기는 기록, **스마트폰 사진 촬영 & 보정**
Lightroom for Everyday Moments: A Smartphone Photo & Editing Guide

초판 발행 • 2025년 8월 29일

지은이 • 민썸
펴낸이 • 이지연
펴낸곳 • 이지스퍼블리싱(주)
출판사 등록번호 • 제313-2010-123호
주소 • 서울특별시 마포구 잔다리로 109 이지스빌딩 3층(우편번호 04003)
대표전화 • 02-325-1722 | **팩스** • 02-326-1723
홈페이지 • www.easyspub.co.kr | **Do it! 스터디룸 카페** • cafe.naver.com/doitstudyroom
인스타그램 • instagram.com/easyspub_it | **엑스(구 트위터)** • x.com/easys_IT
페이스북 • facebook.com/easyspub

총괄 • 최윤미 | **기획** • 이수경 | **책임편집** • 이수진
교정교열 • 박명희 | **표지 디자인** • 김보라 | **본문 디자인** • 김보라, 트인글터 | **인쇄** • 미래피앤피
마케팅 • 권정하 | **독자지원** • 박애림, 이세진, 김수경 | **영업 및 교재 문의** • 이주동, 김요한(support@easyspub.co.kr)

• 잘못된 책은 구입한 서점에서 바꿔 드립니다.
• 이 책에 실린 모든 내용, 디자인, 이미지, 편집 구성의 저작권은 이지스퍼블리싱(주)와 지은이에게 있습니다.

 이 책을 저작권자의 허락 없이 무단 복제 및 전재(복사, 스캔, PDF 파일 공유)하면 저작권법 제136조에 따라 **5년 이하의 징역 또는 5천만 원** 이하의 벌금을 부과할 수 있습니다. 무단 게재나 불법 스캔본 등을 발견하면 출판사나 한국저작권보호원에 신고해 주십시오(불법 복제 신고 https://www.copy112.or.kr).

ISBN 979-11-6303-750-7 13000
가격 21,000원

22만 팔로워가 사랑한 민썸의 라이트룸 레시피

오늘을 남기는 기록, **스마트폰 사진 촬영&보정**

민썸 지음

평범한 하루를 특별하게 기록하는 법

처음 사진을 찍기 시작했을 때는 그저 예쁜 장면을 남기고 싶다는 단순한 마음이었다. 스마트폰으로 해 질 무렵의 하늘을 찍고, 바닷가에서 빛에 반짝이는 윤슬을 담고, 여행지에서 스쳐 지나가는 풍경을 기록했다.

누구나 그렇듯 처음에는 기술보다 감정이 먼저였고, 특별한 장비보다 지금 눈앞에 있는 장면이 더 중요했다.

기억에 남는 여행이 있다. 남부 이탈리아 해안을 따라 혼자 스쿠터를 타고 달리던 날이었다. 바다와 절벽이 맞닿는 길을 따라 달릴 때 땀이 흐르고 머리는 헝클어졌지만 마음만은 말할 수 없이 벅찼다. 해안 끝에 위치한 작은 마을에서 잠시 멈췄고 그곳의 바다 풍경은 내가 지금껏 본 풍경 중 가장 강렬한 색감을 보여 주었다.

그 순간 나는 카메라가 아닌 스마트폰을 꺼냈다. 그리고 별다른 설정도 하지 않은 채 셔터를 눌렀다. 화면 속 그 장면은 부족한 해상도나 센서의 한계를 뛰어넘어 그날의 공기와 감정을 고스란히 담고 있었다. 그때 깨달았다. 좋은 장면은 장비가 아니라 '감각'이 만든다는 사실을 말이다.

프롤로그

그렇게 차곡차곡 찍다 보니 어느 순간 사람들의 반응이 달라지기 시작했다. "이거 진짜 스마트폰으로 찍은 거 맞아요?", "색감이 너무 예뻐요. 어떻게 보정하셨어요?"라는 질문이 쏟아졌고 그 질문들 하나하나가 나에겐 이 책을 써야겠다는 작은 계기가 되었다. 내가 무심코 해왔던 작업이 누군가에게는 궁금한 기술이자 따라 해보고 싶은 무언가가 되었구나. 그 사실이 나를 다시 움직이게 했다.

이 책은 그런 순간을 모아 축적해서 자연스럽게 태어났다. 지금껏 해왔던 스마트폰 사진과 영상 촬영, 색감을 보정하는 과정, 그리고 수없이 반복한 실패와 시행착오, 그 안에서 발견한 나만의 기준과 감각을 최대한 솔직하고 구체적으로 담고자 했다. 그래서 이 책은 단순히 '예쁘게 찍는 법'을 설명하는 것보다 **'나만의 시선을 기르는 법'**에 대한 이야기이기도 하다.

그동안 스마트폰 하나로 촬영한 콘텐츠만으로 국내는 물론 해외 브랜드와도 다양한 협업을 이어 왔고, 아이폰과 갤럭시를 활용한 색감 보정 시리즈는 매번 수백만 뷰를 기록하며 많은 사람에게 사랑을 받아 왔다.

사진에 처음 입문한 분들, 혹은 스마트폰으로도 감각적인 이미지를 만들고 싶은 분들께 이 책이 조금이나마 실질적인 도움과 영감을 주었으면 한다. '이 장면, 나도 한번 찍어 보고 싶다', '이런 색감, 나도 따라 해보고 싶다', 이 책이 그런 마음이 들게 한다면 그리고 무엇보다 '이제 나도 시작해 볼 수 있겠다'는 용기를 건넬 수 있다면 그것만으로도 충분할 것 같다.

누구나 자신만의 속도와 시선이 있다. 꼭 멀리 나가지 않아도, 특별한 배경이 없어도, 스마트폰 하나만으로도 충분히 아름다운 기록을 만들 수 있다. 나도 그렇게 시작했고 지금도 여전히 그렇게 찍고 있다. 이 책을 펼친 여러분에게도 그런 시작이 가볍고 따뜻하게 다가가길 바란다.

이 책에서 다루는 사진 미리 보기

지브리 색감 만들기(150쪽)

랜드마크 여행 사진(138쪽)

가을 단풍 사진(166쪽)

윤슬 표현하기(155쪽)

청명한 하늘 사진(160쪽)

군침 도는 음식 사진(184쪽)

네온사인 가득한 야경 사진(173쪽)

100배 줌 달 사진(191쪽)

차례

첫 번째 이야기 ─────────── 일상의 멋진 순간, 스마트폰을 꺼내 보세요

01 1분 만에 확인하는 스마트폰 사진의 기본기 — 14
- 01-1 · 아이폰과 갤럭시 카메라의 차이 — 15
- 01-2 · '기본 카메라'로 촬영하세요! — 19
- 01-3 · 촬영 시작 전 꼭 체크하는 3가지 — 21
- 01-4 · 가로 vs 세로, 어떻게 들고 찍을까? — 24
- 하나, 둘, 셋, 찰칵! · 영화 같은 순간, 일출과 일몰 사진 찍기 — 28

02 이것만 알아도 인생 사진 80% 성공! — 29
- 02-1 · 한 끗 차이로 전혀 다른 결과를 만드는 '구도' — 30
- 02-2 · 잠깐! 촬영하기 전에 설정해 두면 좋은 최적화 방법 — 36
- 02-3 · 전문가 소리 듣는 스마트폰 촬영 추천템 3가지 — 46
- 하나, 둘, 셋, 찰칵! · 구도 법칙에 맞춰 일상 사진 찍기 — 49

두 번째 이야기 ─────────── 차근차근 전문가의 보정 기법 따라 하기

03 누구나 쉽게 하는 간단한 무료 보정 — 52
- 03-1 · 아이폰 기본 앱으로 보정하기 — 53
- 03-2 · 무료 앱으로 간단한 보정하기 — 57
- 하나, 둘, 셋, 찰칵! · 보정한 사진 SNS에 공유하기 — 65

04 스마트폰 감성 사진 보정 앱 '라이드룸' — 66
- 04-1 · 모바일 라이트룸을 쓰는 이유 — 67
- 04-2 · 라이트룸 간단하게 사용해 보기 — 71
- 04-3 · 꼭 알아야 할 라이트룸의 보정 기능 8단계 — 85
- 04-4 · 라이트룸이 쉬워지는 민썸의 특급 비밀 3가지 — 109
- 하나, 둘, 셋, 찰칵! · 워터마크를 삽입한 나만의 사진 출력하기 — 113

세 번째 이야기 ──────────────── 돋보이는 감성 사진 촬영 & 보정 기법

05 평생 기억하고 싶은 인생 사진 [인물 편]   116
- 05-1 · 아날로그 분위기가 물씬 나는 벚꽃 인물 사진   117
- 05-2 · 화보 느낌 나는 카페 인물 사진   128
- 05-3 · 여행지의 분위기를 가득 담은 랜드마크 인물 사진   138
- 05-4 · 영화 속 한 장면을 만드는 커플 샷 촬영 기법   144

06 시선을 사로잡는 감성 사진 [풍경 편]   149
- 06-1 · 지브리 감성이 가득한 일상 풍경 사진   150
- 06-2 · 반짝이는 윤슬을 담은 바다 사진   155
- 06-3 · 청량한 분위기가 나는 하늘 사진   160
- 06-4 · 단풍으로 물든 가을 풍경 사진   166
- 06-5 · 조명이 돋보이는 야경 사진   173
- 06-6 · 시간을 저장하는 타임랩스 촬영법   178

07 '좋아요'를 부르는 상황별 일상 사진 [사물 편]   183
- 07-1 · 맛집 리뷰를 위한 군침 도는 음식 사진   184
- 07-2 · 저 멀리 떨어진 달 포착 사진   191
- 07-3 · 밤하늘을 수놓는 빛, 불꽃 축제 사진   198
- 하나, 둘, 셋, 찰칵! · 지금 창문을 열어 달 사진 촬영하기   209

08 내 콘텐츠를 널리널리, 숏폼 영상 촬영법 [영상 편]   210
- 08-1 · 영상 길이는 단 1분! 단숨에 시선을 사로잡는 기획   211
- 08-2 · 시간을 담는 고퀄리티 영상 촬영법   218
- 08-3 · 숏폼 콘텐츠를 위한 영상 편집 노하우   223

네 번째 이야기 ─ 한 번 찍은 사진, 온라인 & 오프라인에서 활용하기

09 인플루언서 직행! SNS에 업로드하기 [온라인 편] 230
  09-1 • SNS에 적합한 크기로 콘텐츠 변환하기 231
  09-2 • 인스타그램에 콘텐츠 업로드하기 ─ 릴스, 캐로셀 237
  09-3 • SNS에서 트렌드를 반영하는 것이 중요한 이유 244
  하나, 둘, 셋, 찰칵! • 숏폼 업로드 기록하기 247

10 선물용으로 좋은 엽서 사진 만들기 [오프라인 편] 248
  10-1 • 엽서에 적합한 사진 선택하기 249
  10-2 • 감성적인 엽서를 만드는 사진 보정법 257
  10-3 • 실물 엽서 제작하기 262

보너스 22만 팔로워가 반한 민썸 작가의 색감 레시피 266
  색감 레시피 1 • 역대급 가을 풍경 '반계리 은행나무' 267
  색감 레시피 2 • 분홍빛 노을 속 비행기 270
  색감 레시피 3 • 이국적인 부산 여행지 '청사포' 273

  찾아보기 275

하나. 모든 실습 사진 제공

방법 1_ 책에서 다루는 모든 실습 사진은 **QR코드**를 스캔해 내려받을 수 있습니다. **카메라 앱**으로 스캔해서 스마트폰의 **갤러리**에 저장한 후 사용해 보세요. 여러분이 직접 찍은 사진으로 보정해도 좋습니다.

- 다운로드가 잘 되지 않는다면 54쪽을 참고하세요.

첫 번째 실습 사진
내려받기

방법 2_ 전체 실습 사진은 이지스퍼블리싱 홈페이지의 **[자료실]**에서도 내려받을 수 있습니다.

- 이지스퍼블리싱 홈페이지(www.easyspub.co.kr) → [자료실] → 도서명으로 검색

둘. '1초 만에 내 사진 업그레이드!' 프리셋 파일 제공

이 책의 독자분들을 위해 민썸 작가의 색감을 그대로 담은 모바일 라이트룸 프리셋 파일을 제공합니다. 오른쪽 QR코드를 스캔해 민썸 작가의 **시그니처 프리셋** 파일과 사용법을 담은 PDF 파일을 내려받으세요.

프리셋 파일
내려받기

이 책의 독자를 위한 선물

셋. 특별 부록 제공

한강 사진부터 노을 풍경, 반려동물 증명사진까지! 책에 담지 못한 보정 기법을 '특별 부록'으로 제공합니다. 마지막엔 저자의 '도쿄 출사 답사기'도 에필로그로 담았으니 놓치지 마세요!

- 이지스퍼블리싱 홈페이지(www.easyspub.co.kr) → [자료실] → 도서명으로 검색

특별 부록

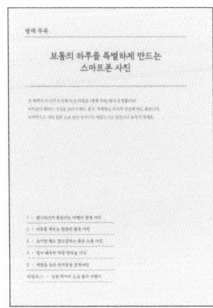

1) 랜드마크가 돋보이는 여행지 풍경 사진
2) 여유를 부르는 한강의 풍경 사진
3) 보기만 해도 압도당하는 붉은 노을 사진
4) 별이 빼곡히 박힌 밤하늘 사진
5) 애정을 담은 반려동물 증명사진

에필로그) 민썸 작가의 도쿄 출사 여행기

일러두기

- 이 책은 **아이폰**을 기준으로 설명하지만 보정 앱의 화면이 동일해서 **갤럭시** 사용자도 볼 수 있습니다. 필요한 경우 갤럭시 화면도 별도로 넣어 두었습니다.
- 2025년 7월 기준으로 집필했으며, 추후 앱 업데이트 등으로 화면이 바뀔 수도 있습니다.
- 책에서 문의할 내용이 있으면 오른쪽 QR코드를 스캔해서 저자에게 메시지를 남기거나 담당 편집자의 이메일(leesue@easyspub.co.kr)로 보내 주세요.

질문 답변

일상의 멋진 순간, 스마트폰을 꺼내 보세요

"스마트폰 카메라보다 미러리스 카메라가 더 좋지 않나요?"
"작가님은 왜 스마트폰으로 사진을 찍으세요?"
물론 저도 미러리스 카메라를 여러 대 가지고 있고 여행 갈 때 꼭 챙깁니다.
하지만 스마트폰만으로도 이렇게 멋진 사진을 찍을 수 있습니다.
첫 번째 이야기에서는 스마트폰으로 사진을 찍을 때 꼭 알아야 하는 기본기를 배웁니다.
지금부터 배울 설정과 기본기만으로도 사진이 눈에 띄게 좋아질 거예요!

01_ 1분 만에 확인하는 스마트폰 사진의 기본기
02_ 이것만 알아도 감성 사진 80% 성공!

01

1분 만에 확인하는 스마트폰 사진의 기본기

잠깐! 스마트폰을 꺼내 사진을 찍기 전에 이 내용을 우선 확인해 보세요.
멋진 결과물은 충실한 기본기에서 나온답니다.
제가 스마트폰으로 사진을 찍을 때 실제로 어떻게 적용하는지 상세히 소개하니,
여러분은 반복해서 따라 해보고 자기 것으로 꼭 만들어 보세요!

01-1 • 아이폰과 갤럭시 카메라의 차이

01-2 • '기본 카메라'로 촬영하세요!

01-3 • 촬영 시작 전 꼭 체크하는 3가지

01-4 • 가로 vs 세로, 어떻게 들고 찍을까?

하나, 둘, 셋, 찰칵! • 영화 같은 순간, 일출과 일몰 사진 찍기

01-1
아이폰과 갤럭시 카메라의 차이

아이폰의 색감 vs 갤럭시의 색감

아이폰 색감, 갤럭시 색감에 대해서 들어본 적 있나요? 저는 사실 묘사를 할 때는 갤럭시를 쓰고, 감성 묘사는 주로 아이폰을 사용하는 편이에요! 같은 대상을 찍더라도 갤럭시 스마트폰은 **차가운** 색감을 더 잘 나타내고, 아이폰은 **따뜻한** 색감에 가까워요. 이 부분은 사용자마다 해석이 정말 다양하니 여러분도 써볼 기회가 있다면 꼭 비교해 보기 바랍니다.

갤럭시의 AI 지우개 / 아이폰의 클린업

갤럭시에는 일찍이 AI를 활용한 보정 기술이 탑재되었고 아이폰에도 최근 AI 보정 기술이 추가되었습니다. 갤럭시의 **AI 지우개** 또는 아이폰의 **클린업** 등을 활용해서 사진에서 불필요한 요소를 간단히 제거할 수 있죠. 실행 속도도 무척 빨라서 꽤 유용하니 여러분도 한번 사용해 보길 추천합니다. 저도 업데이트한 이후 간단히 보정할 때 이 기능을 사용하고 있어요.

> AI 기능이 없는 스마트폰을 사용한다면 04장의 라이트룸 AI 기능을 참고하세요.

▲ 아이폰의 '클린업' 기능으로 사진 속 인물을 지운 결과물

갤럭시의 전문가용 촬영 모드

갤럭시의 최신 모델에는 ISO(밝기), 셔터 속도, 초점 등을 조절할 수 있는 **프로 모드**가 있습니다. 그래서 스마트폰으로도 DSLR이나 미러리스와 같은 전문가용 카메라를 다루는 기분을 느낄 수 있습니다. 한편 아이폰은 자동 최적화된 기본 모드 중심이라 구도만 정하면 손쉽게 촬영할 수 있습니다.

> 아이폰은 촬영한 후 노출, 휘도, 하이라이트 등을 조정할 수 있습니다. 자세한 내용은 03-1절을 참고하세요.

갤럭시의 프로 모드 사용법은 정말 간단합니다. 카메라 화면에서 **[더보기 → 프로]**를 탭하면 다음과 같은 화면을 볼 수 있어요.

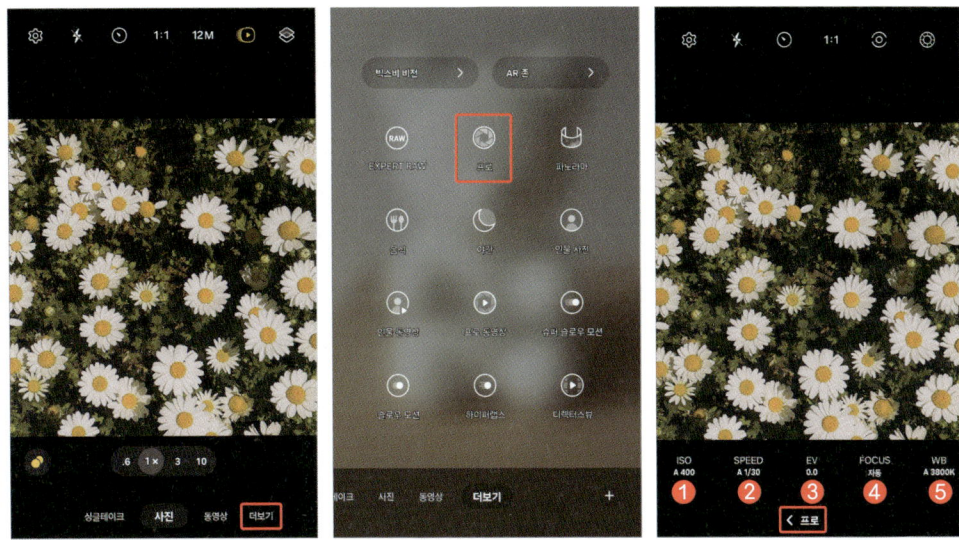

다음 프로 모드의 5가지 기능에서 값을 조절해서 자신이 촬영할 환경을 만들면 됩니다. 아래의 기능별 특징을 살펴보고 촬영 환경에 맞춰 조절해 보세요.

기능	특징
❶ ISO(밝기)	카메라가 빛에 얼마나 민감하게 반응하는지를 결정합니다. ISO값이 크면 그만큼 밝은 사진을 얻을 수 있어요. 하지만 강제로 사진을 밝게 조정하므로 자글자글한 노이즈가 발생할 수 있습니다. **ISO는 가급적이면 값이 작을수록 좋고** 셔터 속도로 밝기를 조절하는 것이 좋습니다.
❷ SPEED (셔터 속도)	촬영 버튼을 눌렀을 때 셔터가 열렸다 닫히는 시간을 정합니다. 셔터 속도가 빠르면 빛이 들어오는 양이 적어서 어두운 사진이 되고, 반대로 느리면 빛이 많이 들어와 밝은 사진이 됩니다. 한편 셔터 속도가 느리면 그만큼 흔들림에 취약해서 손으로 들고 찍었을 때 흔들림이 같이 담길 수 있어요. 따라서 야간에 낮은 셔터 속도로 촬영할 때 흔들림 없이 찍으려면 **삼각대**에 스마트폰을 고정하는 것을 추천합니다.
❸ EV(노출 보정계)	ISO와 셔터 속도 대신 EV값만으로도 사진의 노출을 설정해서 밝기를 조절할 수 있습니다.
❹ FOCUS (초점 모드)	사진에서 원하는 곳을 초점으로 설정할 수 있는데, 멀티와 수동이라는 2가지 초점 모드가 있습니다. 멀티 모드는 터치하는 영역에 초점이 맞춰지고, 수동 모드는 슬라이더를 조절하여 사용자가 원하는 부분에 초점을 맞출 수 있습니다. 저는 초점을 직관적으로 조절할 수 있는 **수동 모드**를 선호합니다.
❺ WB (색온도)	**화이트 밸런스**라고도 합니다. 흰색을 정확하게 표현해 주는 역할을 하며 사진의 전체 분위기를 만들어 냅니다. 왼쪽으로 조절하면 K값이 낮아지고 색온도가 차가워지며, 오른쪽으로 조절하면 K값이 높아지고 색온도가 따뜻해집니다.

질문 있어요!   무겁지만 그래도 카메라를 꼭 써야 할 순간이 있을까요?

빠른 장면을 담거나 저조도(밤과 같이 어두운 환경)에서는 스마트폰보다 카메라의 압도적인 성능이 필요합니다. 그리고 크롭(자르기)이 필요한 사진을 찍을 때에도 카메라를 이용하는 것이 더 유리합니다. 얼마 전에 스위스에서 찍은 사진은 포스터로 제작해야 해서 카메라를 이용했습니다. 아래 예시처럼 사진에서 일정 부분을 잘라 내고 큰 종이에 인쇄해야 한다면 스마트폰보다 화질이 우수한 미러리스 카메라를 추천합니다.

▲ 미러리스 카메라로 찍은 사진

▲ 사진의 가운데 부분을 크롭해서 만든 포스터

지금까지 갤럭시와 아이폰 카메라의 차이점을 살펴봤습니다. 이 책은 아이폰을 기준으로 설명하고, 필요한 경우에는 갤럭시 카메라의 화면도 수록했습니다. 기종과 버전에 따라 화면이 조금씩 다를 수 있지만 큰 차이는 없어서 배우기 어렵지 않을 것입니다.
그럼 지금부터 스마트폰 사진을 찍으러 함께 가볼까요?

요약 정리 | 갤럭시와 아이폰의 차이점

구분	갤럭시	아이폰
색감	• 사실적, 차가움, 선명함	• 감성적, 따뜻함, 자연스러움
카메라 화각	• 10배 줌 이상의 망원 렌즈 강세	• 2~3배 줌 중심 • 망원 성능은 제한적
전문가용 촬영 모드	• 프로 모드	• 없음
야간 모드	• 세부 설정 가능 • 밝게 촬영할 수 있지만 다소 부자연스러움	• 자동 적용 • 자연스럽고 노이즈 적음
UI 직관성	• 다양하게 설정할 수 있음 • 복잡하지만 세밀함	• 인터페이스 간결 • 누구나 쉽게 촬영 가능

▶ UI(User Interface, 사용자 인터페이스)란 사용자가 스마트폰 앱이나 컴퓨터 등 디지털 기기를 편하게 이용하도록 돕는 메뉴, 버튼 등을 말합니다.

01-2

'기본 카메라'로 촬영하세요!

기본 카메라를 추천하는 이유

스마트폰에서 기본으로 제공하는 **기본 카메라**가 있지만 많은 사람이 필터 카메라 앱을 사용합니다. 내 사진에 맞는 분위기의 필터를 바로 적용할 수 있기 때문입니다. 하지만 필터 카메라로 촬영하면 필터가 입혀진 사진만 저장될 뿐, 원본 사진은 따로 저장되지 않습니다.

기본 카메라 앱

한 번 지나간 시간은 되돌릴 수 없기에 **원본을 확보**하는 것이 정말 중요합니다. 제가 기본 카메라로 사진을 찍는 이유가 바로 여기에 있습니다.

▲ 필터 카메라 앱으로 촬영한 사진

▲ 기본 카메라로 촬영한 사진

원본이 남는 '기본 카메라'를 추천해요!

이 책에서는 '사진 보정'으로 자신이 원하는 분위기를 만들어 나갈 것이므로 지금부터라도 기본 카메라를 이용해 원본을 확보하고 보정까지 이어지도록 연습해 보길 바랍니다.

▶ 필터 앱이 마음에 든다면 원본을 동시에 제공하는지 확인해 보세요. 만약 그렇지 않다면 '기본 카메라'로 촬영한 후 보정만 필터 앱을 사용하는 걸 추천합니다.

질문 있어요! '기본 카메라'로 찍은 후 주로 어떤 필터 앱을 사용하나요?

다음은 제가 사용해 보고 만족한 4가지 필터 앱입니다. 기본 카메라로 촬영한 후 필터 앱의 색감 기능만 적용하는 걸 추천합니다.

1. 스냅시드
구글에서 만든 아주 훌륭한 사진 편집 앱입니다. 무료이지만 유료에 버금가는 기능이 무척 많아서 강력 추천합니다.

스냅시드 로고

2. 에픽
전 세계적으로 유명한 사진 편집 앱이에요. 초보자도 쉽게 보정할 수 있습니다. 색감은 물론 피부 보정, 체형 보정, 프레임 등을 다양하게 제공해서 인기가 많고 일부 기능은 무료로 사용할 수 있습니다.

에픽 로고

3. 필름N 민썸 - 가마쿠라(FilmN minsome - Kamakura)
제가 직접 만든 사진 필터 앱이에요! 카메라 기능은 없고 일본 가마쿠라 지역을 여행하며 만든 11가지 색감이 수록되어 있어요. '기본 카메라'로 촬영한 원본 사진을 불러와서 색감을 고르고 세부 조정까지 해볼 수 있으니 꼭 사용해 보세요(유료).

필름N 민썸-
가마쿠라 로고

4. 라이트룸 모바일
이 책에서 주로 다룰 사진 편집 앱입니다. 전문 사진작가들이 많이 사용하는 사진 보정 앱이에요. 제가 주로 사용하는 프로그램이며 시중의 사진 편집 앱 중에서 가장 강력한 기능을 탑재하고 있습니다. 무료로 사용할 수도 있지만 이 책에서는 유료 기능까지 다룹니다. 처음에는 '무료 체험판'으로 가볍게 시작해 보세요.

라이트룸 로고

01-3

촬영 시작 전 꼭 체크하는 3가지

스마트폰으로 사진을 찍을 때 꼭 확인해야 할 3가지 팁을 알아보겠습니다.

하나. 극강의 화질을 만드는 '렌즈 클리너'

'렌즈 클리너'라니 너무 뻔하다고요? 맞습니다. 아주 기본적인 내용이죠. 그렇지만 오프라인 강의를 나갈 때마다 수강생에게 다음 질문을 꼭 합니다.

"여러분은 스마트폰 렌즈를 얼마나 자주 닦나요?"

여러분에게도 질문하겠습니다. 촬영하기 전 스마트폰 렌즈를 닦나요? 혹시 닦더라도 입고 있는 옷이나 오래된 안경닦이를 사용하지 않나요? 스마트폰 렌즈는 사진 화질에 있어 아주 중요한 요소입니다. 편의점이나 생활용품점 등에서 값싸게 구입할 수 있는 **렌즈 클리너**를 이용해 보세요. 하루 종일 렌즈가 깨끗한 상태로 사진을 촬영할 수 있습니다.

▲ 렌즈 클리너를 사용하기 전

▲ 렌즈 클리너를 사용한 후

예시 사진만 봐도 렌즈 클리너를 사용하기 전과 후의 모습이 확연히 비교되죠? 이처럼 렌즈 클리너 하나로 엄청난 차이를 경험할 수 있습니다.

둘. 스마트폰의 용량 체크는 필수!

만약 스마트폰으로 사진을 찍다가 용량이 가득 차 버리면 어떤 일이 일어날까요? 촬영한 사진이 죄다 검은색으로 변해 버립니다. 하루에 수백 장을 찍다 보면 저도 가끔 이런 일을 겪곤 합니다. 일상 기록용이라면 크게 상관없겠지만 회의 자료나 상업 사진과 같은 중요한 데이터라면 등골이 오싹해질지도 모릅니다.

사진은 데이터의 한 종류이므로 **백업**이 아주 중요합니다. 구글 드라이브, 구글 포토, 아이클라우드, 네이버 마이박스 등 사진을 상시 백업할 수 있는 프로그램을 이용하는 것이 좋습니다. 또한 촬영하기 전에 스마트폰의 용량이 충분히 남아 있는지를 확인해야 합니다. 아이폰을 사용한다면 **[설정 → 일반 → iPhone 저장 공간]**에서 남아 있는 저장 공간을 확인할 수 있습니다.

▲ 아이폰의 저장 공간 화면

셋. 분위기에 맞는 시간대 확인하기

해외 여행을 계획한다면 여행지의 분위기에 맞는 사진을 꼭 찍고 싶을 거예요. 스위스라면 대자연의 풍경 사진이, 말레이시아의 코타키나 발루에서는 노을이 지는 풍경 사진이 대표적이죠. 저는 어느 여행지를 가든 항상 일몰 사진을 찍습니다. 다음과 같은 역대급 노을 사진을 얻기 위해 저는 일몰 시간 1시간 전부터 촬영을 시작합니다. 그래서 여행 계획을 세울 때에는 현지 시간과 일몰 시간을 꼭 확인한답니다.

▲ 해넘이 시간을 미리 체크해 찍은 일몰 사진

만약 푸릇푸릇한 초록색 감성이 나는 채광이 풍부한 카페 사진을 찍고 싶다면 어떻게 해야 할까요? 카페 창문 너머로 빛이 들어와야 하니 오전이라면 9~11시, 오후라면 3시부터 일몰 전까지가 사진을 찍기에 딱 좋습니다. 우연히 찍는 것보다 최적의 시간대를 알고 촬영한다면 더욱 깊이 있고 몰입감 넘치는 사진을 얻을 수 있을 거예요.

▲ 채광이 잘 드는 시간에 찍은 카페 사진

아울러 사람이 많은 여행지나 공간이라면 될 수 있는 한 오픈 시간대나 아침 일찍 방문해 보세요. 조금 일찍 가기만 해도 공간을 전세 낸 듯 여유롭게 촬영할 수 있습니다.

01-4

가로 vs 세로, 어떻게 들고 찍을까?

인스타그램에 올릴 사진은 무조건 '세로' 사진

사진을 기반으로 한 대표적인 SNS는 단연 인스타그램입니다. 인스타그램은 스마트폰의 세로 화면을 기본으로 해서 여러 비율의 사진을 지원합니다. 인스타그램에 적합한 사이즈는 크게 3가지로 정사각형(1:1), 세로 피드(4:5), 스토리용(9:16)이며 가로와 세로 길이가 같거나 세로 길이가 더 긴 형태입니다. 따라서 사진의 주 용도가 '인스타그램 업로드'인 경우 가로보다 세로로 촬영하여 보정하면 퀄리티는 물론 구도를 설정할 때에도 훨씬 유리합니다.

▲ 정사각형(1:1)

▲ 세로 피드(4:5)

▲ 스토리용(9:16)

이 세 이미지는 오른쪽의 원본 사진을 정사각형, 세로 피드, 스토리용 형식에 맞게 편집한 결과물입니다. 원본 사진을 보면 인스타그램 형식에 맞게 잘라 낼 수 있도록 여유 있게 촬영한 것을 알 수 있죠. 이 사진의 주제라고 할 눈 덮인 집과 사람이 가운데에 위치해서 위아래를 잘라 내도 포인트는 남아서 주제를 온전히 담을 수 있습니다.

> 주요 피사체의 위아래 여유를 포함해 사진을 찍으세요!

▲ 원본 사진

질문 있어요! 인스타그램에서는 가로 사진을 활용하기 어려울까요?

방법 1. 90° 돌려 스토리로 올리기
어쩔 수 없이 가로로 찍은 사진이 있다면 사진을 돌려 스토리용으로 공유해 보세요. 저는 세로 사진으로 표현하기에 아쉬울 때 가로 사진을 세로 방향으로 90° 회전하여 공유합니다. 보는 사람은 조금 불편할 수 있지만 크게 번거롭지 않고 더 많은 정보를 확인할 수 있으니 이 정도는 좋게 생각해 주더라고요.

방법 2. 가로 사진과 영상 함께 올리기
물론 가로 사진을 그대로 올리는 것도 가능합니다. 하지만 여전히 가로보단 세로로 된 콘텐츠를 소비하는 경향이 강하니 조회수와 사람들의 반응을 생각해 가급적이면 영상과 함께 올리는 것을 추천합니다.

▲ 가로 사진을 세로로 돌려서 스토리에 올린 모습

▲ 가로 사진과 영상을 함께 올린 모습

유튜브 섬네일은 '가로 사진'

만약 여러분이 유튜브 채널을 운영한다면 '섬네일'의 중요성은 설명하지 않아도 잘 알 것입니다. 널리 통용되는 유튜브 섬네일의 권장 규격은 다음과 같습니다.

> **유튜브 섬네일의 권장 규격**
> - 해상도: 1920 × 1080px(Full HD, 최소 너비 640px)
> - 파일 형식: JPG, PNG, GIF, BMP
> - 비율: 16:9(최적화된 비율)
> - 파일 크기: 2MB 이하

'해상도'는 화면을 구성하는 픽셀의 수를 나타냅니다. 뭔가 어렵죠? 그냥 해상도가 높을수록 이미지가 더 명확해진다고 생각하면 됩니다. 유튜브에서는 이미지의 가로 길이가 더 긴 1920 × 1080(Full HD) 해상도를 보편적으로 많이 사용합니다.

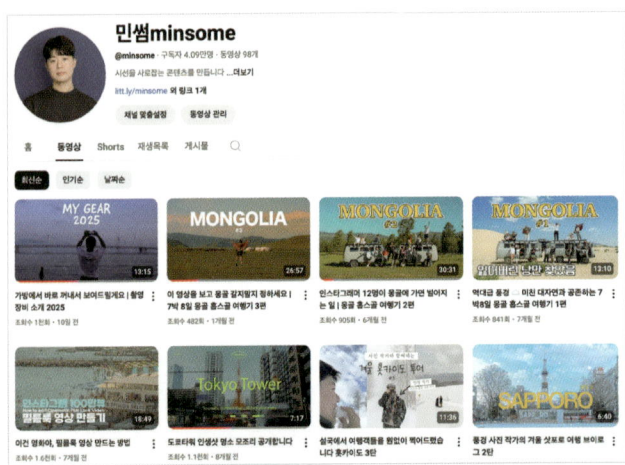
▲ PC에서 본 저자의 유튜브 채널

▲ 모바일에서 본 저자의 유튜브 채널

유튜브 섬네일은 PC와 모바일에서 모두 비교적 크게 보이므로 가로로 촬영하는 것이 좋습니다. 세로 사진을 가로 사진으로 만들면 확대되는 면적만큼 이미지 손실이 일어나고 저품질 콘텐츠라는 인식을 줄 수 있기 때문입니다.

정리하자면, 저는 용도에 맞게 스마트폰을 가로 또는 세로로 바꾸어 가며 촬영하고 있습니다.

요약 정리 | 가로/세로 사진은 용도에 맞게 선택해서 촬영하기

가로 사진	세로 사진
• 유튜브 섬네일 • 전자책 이미지 • 스레드(SNS) 사진 • 강의용 PPT 사진	• 인스타그램(SNS) 사진 • 인물 사진 • 빠른 공유용 사진

하나, 둘, 셋, 찰칵!

영화 같은 순간, 일출과 일몰 사진 찍기

하루에 한 번씩 볼 수 있는 영화 같은 순간, 바로 일출과 일몰 풍경입니다. 일출/일몰 시간을 기준으로 각각 1시간 30분 전부터 30분 후까지가 바로 사진 찍기 가장 좋은 최적의 순간인 '골든아워'입니다. 골든아워 사진을 촬영할 때에는 아래와 같이 위도, 계절, 날씨를 생각하면 더 좋습니다. 여러분의 공간에서 볼 수 있는 골든아워 사진을 찍어 보세요.

▲ 일출 풍경   ▲ 일몰 풍경

골든아워 사진을 찍을 때 체크하면 좋은 3가지

1. **위도**: 적도에 가까울수록 일출과 일몰 속도가 빨라 골든아워가 짧아져요. 반대로 적도에서 멀어지면 골든아워가 아주 길어집니다.
2. **계절**: 여름에는 일광이 길어져 골든아워가 길고 겨울에는 상대적으로 짧습니다.
3. **날씨**: 구름을 꼭 관찰해 보세요. 구름은 햇빛을 가리기도 하지만 오히려 골든아워를 더욱 극적으로 만들기도 해요.

02

이것만 알아도 인생 사진 80% 성공!

여러분은 어떤 구도로 촬영하나요?
혹시 아직도 감으로 사진을 찍는다면 이번에 소개하는 내용이 정말 중요합니다.
사진을 찍을 때마다 기복 없이 '금손'이라는 별명을 얻을 수 있는 '사진 공식'을 소개합니다.
아주 쉽고 어디에나 적용할 수 있는 내용이니, 지금 바로 스마트폰을 열고 천천히 따라해 보세요.

02-1 • 한 끗 차이로 전혀 다른 결과를 만드는 '구도'

02-2 • 잠깐! 촬영하기 전에 설정해 두면 좋은 최적화 방법

02-3 • 전문가 소리 듣는 스마트폰 촬영 추천템 3가지

하나, 둘, 셋, 찰칵! • 구도 법칙에 맞춰 일상 사진 찍기

02-1

한 끗 차이로 전혀 다른 결과를 만드는 '구도'

구도라는 말, 들어 보았나요? 사진에서 구도는 거의 생명과도 같다고 할 수 있을 정도로 중요한 요소입니다. 사진을 찍을 때 어떤 위치에서 촬영 버튼을 눌렀는지에 따라 결과물은 정말 천차만별이에요. 저는 사진을 찍을 때 다음 4가지 구도 법칙을 대부분 적용합니다.

▲ 3분할 법칙

▲ 1/3 법칙

▲ 정가운데 법칙

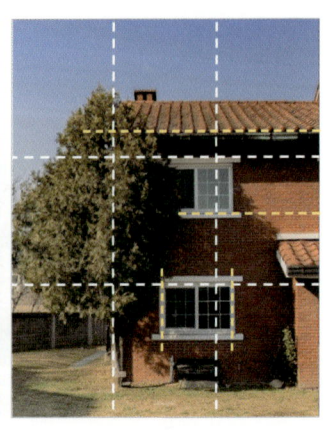
▲ 평행선 법칙

▷ 사진에서 가로줄과 세로줄은 '격자' 또는 '수직·수평 안내선'이라고 합니다. 자세한 내용은 02-2절에서 설명합니다.

3분할 법칙

3분할 법칙은 인물이 포함된 풍경 사진에서 자주 사용하는 구도예요. 화면을 **3×3** 격자로 나눈 후, 피사체를 격자선이나 교차점에 맞춰 배치해 시각적으로 안정감을 주는 방법입니다. 저는 보통 사진의 2/3를 풍경으로 채우고, 인물은 보조적인 요소로 배치하는 편이에요. 풍경의 느낌을 더 강조하고 싶을 때 효과적이죠. 반대로 인물이 주제라면 아래쪽에 인물의 비중을 더 크게 두는 식으로 구도를 조절해도 좋아요.

3분할 법칙은 정해진 틀이라기보다는 **안정적인 기본 구조**예요. 상황과 취향에 따라 유연하게 응용하는 걸 추천합니다.

민썸의 사진 레시피 3분할 법칙을 활용한 촬영 예시

1. 인물 사진
   - 인물의 눈높이를 상단 가로선에 맞추면 사진 전체가 안정적으로 느껴집니다.
   - 인물을 사진 정중앙에 배치하면 시선이 자연스럽게 인물에게 집중됩니다.
   - 조금 더 감성적인 분위기를 연출하고 싶다면 인물을 오른쪽이나 왼쪽 세로선에 살짝 치우치게 배치해 보세요. 마치 영화 속 한 장면처럼 느껴질 거예요.

2. 풍경 사진
   - 하늘과 지평선을 3분할 라인에 맞춰 각각 배치하면 균형 잡힌 사신이 됩니다.
   - 하늘을 강조하고 싶으면 지평선을 하단 1/3 지점에 배치하세요.
   - 땅을 강조하고 싶으면 지평선을 상단 1/3 지점에 배치하세요.

3. 건축 & 거리 사진
- 도로나 건물의 주요 선을 3분할 라인에 맞추면 구도가 깔끔해집니다.
- 특히 사람이 걷는 방향을 여백에 두면 구성이 더 자연스러워집니다.

1/3 법칙

1/3 법칙은 3분할 구도와 거의 비슷하지만 조금 더 자유롭게 응용하는 방식입니다. 화면을 가로/세로로 3등분해 9개의 구역으로 나눈 다음, 피사체를 정중앙이 아닌 격자선이나 교차점 근처에 배치해 보는 거예요. 이렇게 구성하면 정형적인 느낌보다 **자연스럽고 시선이 흐르는 듯한 사진**이 완성됩니다. 특히 음식 사진이나 감성적인 스냅 사진에 자주 활용돼요.

▲ 일반적인 정가운데 사진　　▲ 1/3법칙을 적용한 사진

정가운데 법칙

정가운데 법칙은 말 그대로 피사체를 **정가운데**에 두는 구도 법칙입니다. 대부분의 사람들이 일반적으로 적용하는 촬영 기법이죠. 가장 중요한 피사체를 가운데에 두면 시선이 자연스레 가운데로 향하기 때문에 전하고 싶은 주제를 명확하게 드러낼 수 있습니다.

평행선 법칙

모든 물체에는 직선이 있습니다. 평행선 법칙은 이 선을 활용하여 사진의 입체감, 즉 원근감을 더하는 구도 법칙입니다. 도로, 철도, 건축물, 난간, 가로등, 파도 등 **반복되는 선형 구조**를 활용하면 시각적인 안정감을 주면서도, 사진 속 공간을 더욱 넓고 깊어 보이게 만드는 효과를 낼 수 있습니다.

오른쪽 예시는 교토에서 촬영한 '하루카 기차' 사진입니다. 기차의 앞쪽에서 찍었는데 당시 제 머릿속에는 다음 문장이 맴돌았어요.

"기찻길을 따라 이어지는 평행선이 소실점을 향해 가도록 구성하면 원근감이 극대화된다."

민쌤의 사진 레시피 평행선 법칙을 활용한 촬영 기법 6가지

제가 풍경을 담을 때 항상 숙지하고 있는 평행선 법칙을 소개하겠습니다.

1. 낮은 앵글로 촬영해 평행선 강조하기
낮은 앵글(low angle)로 촬영하면 선이 더욱 길고 강렬하게 뻗어 나가는 느낌을 줄 수 있습니다. 건축물이나 도로를 아래에서 위를 바라보면서 촬영하면 평행선이 더 극적으로 표현되죠. 무릎을 굽혀 색다른 구도로 촬영을 시도해 보세요.

2. 평행선은 프레임 내에서 정렬하기
수평선, 철도, 도로 등의 평행선을 프레임의 상단 또는 하단에 깔끔하게 배치하면 안정된 구도를 만들 수 있습니다.

3. 소실점을 활용해 원근감 극대화하기
평행선이 한 점으로 모이도록 배치하면 강한 원근감을 표현할 수 있습니다. 예를 들어 철도, 다리, 터널, 골목길 등을 촬영할 때 중앙에 서서 소실점이 프레임 끝으로 향하게 하면 깊이감이 있는 사진이 됩니다.

4. 반복 패턴 활용하기
창문, 난간, 전봇대처럼 평행한 선을 이용하면 리드미컬한 사진을 만들 수 있어요. 예를 들어 빌딩의 창문 패턴, 연속된 가로등, 계단 난간 등을 활용하면 패턴을 강조한 감각적인 사진을 연출할 수 있습니다.

5. 반사 효과를 활용해 평행선 연출하기
물웅덩이, 유리창, 금속 표면 등에 반사되는 평행선을 이용하면 대칭 구도를 만들 수 있어요. 예를 들어 도시의 야경이 물에 반사될 때 수면 위아래가 대칭되는 평행선을 연출하면 더욱 극적인 효과를 낼 수 있습니다.

요약 정리 | 사진의 구도 법칙 4가지

구도 법칙	설명
3분할 법칙	• 화면을 가로와 세로로 각각 3등분한 뒤, 주요 피사체를 격자선 또는 교차점에 배치하는 기법입니다. • 시각적으로 안정감을 주어 시선을 자연스럽게 유도하는 효과가 있습니다.
1/3 법칙	• 3분할 법칙과 유사한 기법으로, 화면의 1/3 지점에 피사체를 배치합니다. • 더욱 조화로우면서 감성적인 사진을 만들 수 있습니다.
정가운데 법칙	• 피사체를 화면의 정중앙에 배치하여 강한 집중력과 대칭적인 구도를 강조하는 기법입니다. • 대칭 구조물이나 인물 사진에서 임팩트를 강하게 줄 때 특히 유용합니다.
평행선 법칙	• 화면에서 평행한 선을 활용해 시선을 유도하고 원근감을 강조하는 기법입니다. • 도로, 철도, 건축물, 파도 등에서 반복되는 선을 활용하면 사진에 깊이감과 리드미컬한 패턴을 더할 수 있습니다.

02-2

잠깐! 촬영하기 전에 설정해 두면 좋은 최적화 방법

이번에는 스마트폰 사진 촬영의 필수 설정법을 배웁니다. 가장 기본적이면서도 강력한 기능이니 꼭 설정해 보세요. 여러분의 사진 퀄리티가 크게 올라갈 거예요.

수직/수평을 도와주는 사진 보조 도구, 격자

아래 사진 속 카메라 화면에 표시된 흰색 가로줄과 세로줄은 사진 보조 도구인 **격자(수직·수평 안내선)**입니다. 격자는 구도를 잡을 때 매우 유용하며 대부분의 사진작가들이 사용합니다. 다음 실습을 따라 격자를 설정해 보세요.

▲ 촬영 화면에 격자가 표시된 모습

지금 해 봐요 ▸ 아이폰 — 수직/수평을 맞추는 [격자] 나타내기

아이폰을 사용한다면 카메라 격자를 켜보세요. 격자를 활용하면 수직/수평을 쉽게 맞출 수 있습니다.

1. 카메라 격자 설정하기

❶[설정 → 카메라]에서 ❷[구성 → 격자]를 활성화합니다. ❸카메라 앱을 실행하면 화면에 흰색 실선으로 격자가 나타나는 것을 확인할 수 있습니다.

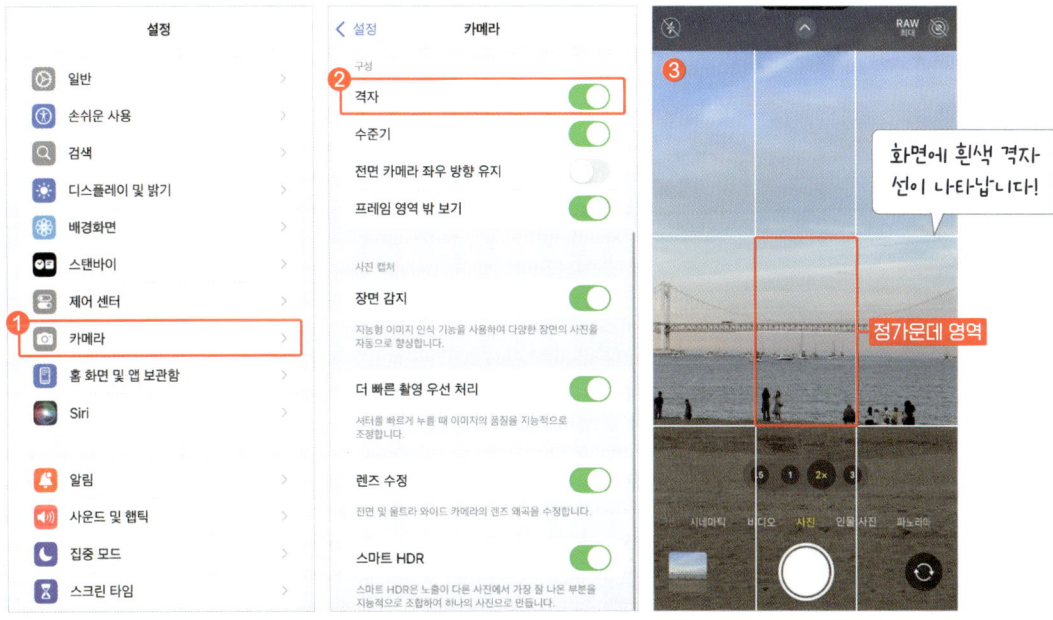

2. 격자를 설정했다면 가장 중요한 피사체(주제)를 화면 정가운데에 두고 나머지 피사체는 주변 구역에 배치해 보세요. 사람들의 시선을 중앙부에서 시작해 주변부로 자연스럽게 유도할 수 있습니다.

3. 수준기 설정하기

iOS 17 버전 이상을 지원하는 기기라면 '수준기'를 설정할 수 있습니다. 수준기란 수평을 맞출 때 사용하는 간편한 도구로, 사진이 틀어져 있는지가 직관적으로 나타나 활용도가 높습니다. 아이폰에서 [설정 → 카메라]에서 [구성 → 수준기]를 활성화합니다.

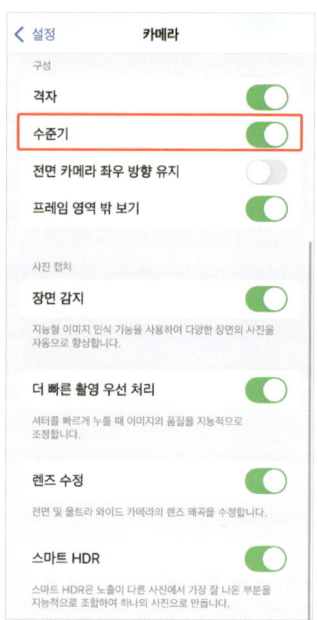

4. 수준기를 활성화하면 수평이 정확히 맞을 때 노란색 일직선이 나타납니다.

▲ 수평이 맞지 않을 때

▲ 수평이 맞을 때

지금 해 봐요 } 갤럭시 — [수직/수평 안내선] 활용하기

1. 갤럭시 스마트폰이라면 카메라 앱을 실행하고 [설정 ⚙ → 수직/수평 안내선]을 활성화해 주세요.

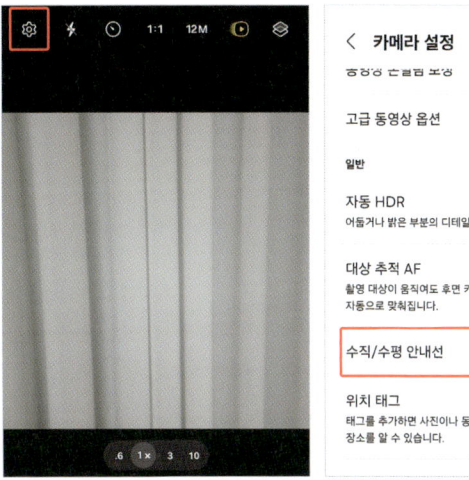
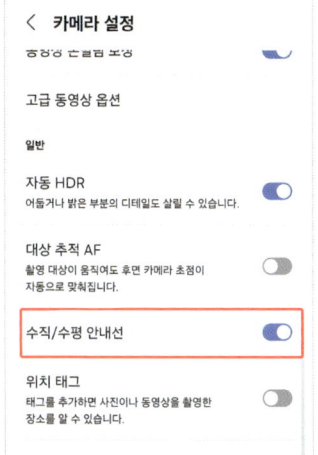
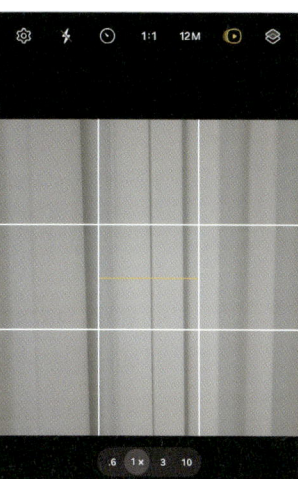

2. 화면에 수직/수평을 나타내는 흰색 안내선이 나타납니다.

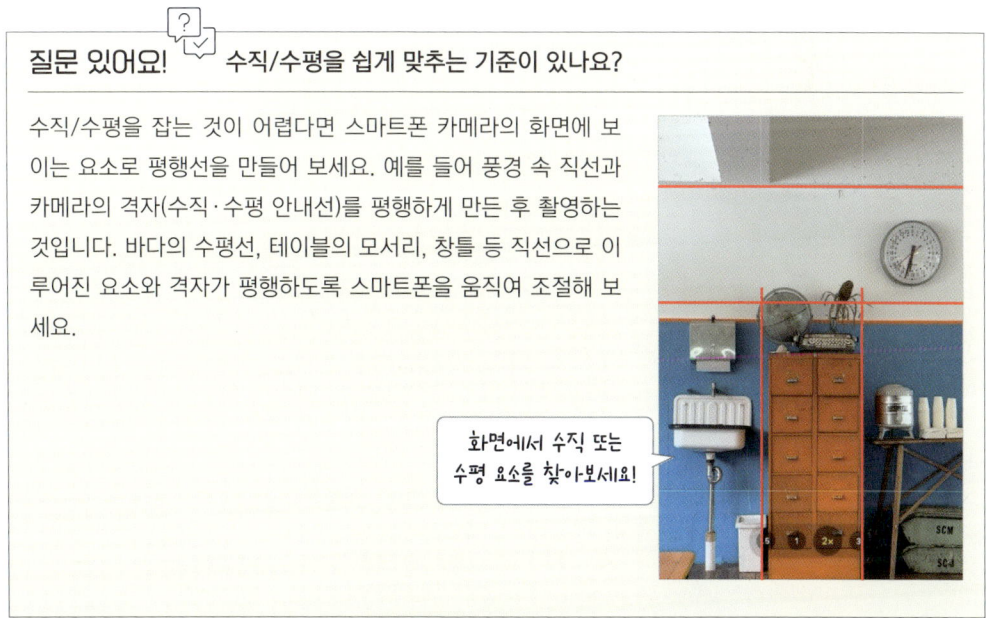

질문 있어요! 수직/수평을 쉽게 맞추는 기준이 있나요?

수직/수평을 잡는 것이 어렵다면 스마트폰 카메라의 화면에 보이는 요소로 평행선을 만들어 보세요. 예를 들어 풍경 속 직선과 카메라의 격자(수직·수평 안내선)를 평행하게 만든 후 촬영하는 것입니다. 바다의 수평선, 테이블의 모서리, 창틀 등 직선으로 이루어진 요소와 격자가 평행하도록 스마트폰을 움직여 조절해 보세요.

화면에서 수직 또는 수평 요소를 찾아보세요!

보정을 위한 특별한 사진 형식, RAW

RAW 파일, 들어본 적 있나요? RAW는 카메라 센서가 받아들인 빛의 정보를 가공하지 않고 거의 그대로 저장하는 이미지 형식이에요. 쉽게 말해 사진의 원본 재료가 모두 담긴 디지털 필름 같은 거죠. RAW 파일은 JPEG처럼 압축되지 않아서 밝기, 색감, 디테일을 자유롭게 보정할 수 있어요. 이것이 전문가들이 후보정용 파일 포맷으로 RAW를 가장 선호하는 이유랍니다.

스마트폰 사진도 RAW 형식으로 저장할 수 있습니다. 다음 실습을 따라 해보세요.

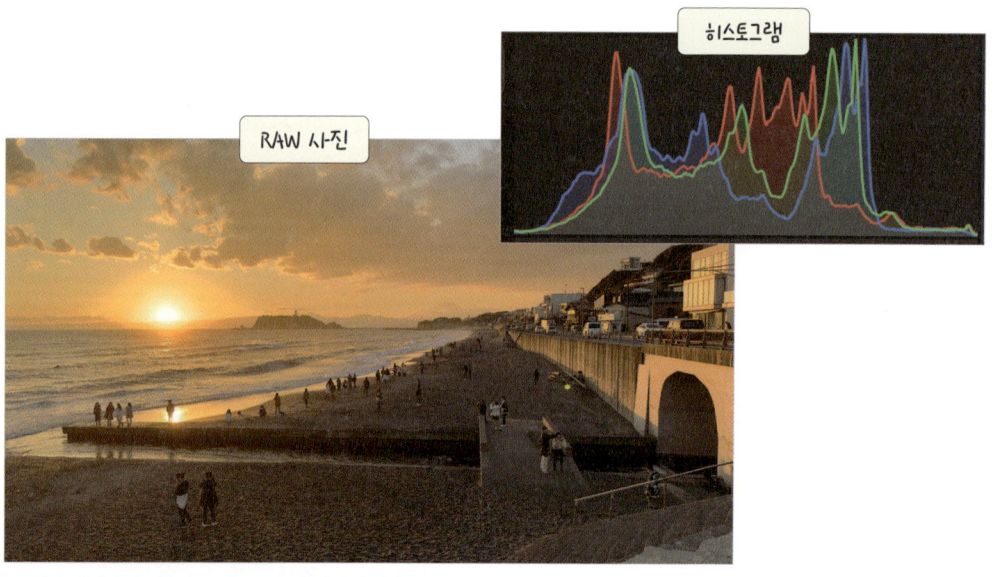

▲ 많은 이미지 정보를 담고 있는 RAW 형식의 사진과 히스토그램

지금 해 봐요 〉 아이폰 — 사진 형식을 RAW로 설정하기

아이폰에서 사진 형식을 RAW로 설정하면 나중에 보정할 때 훨씬 더 용이합니다. 단, iOS 14.3 이후 버전을 설치한 아이폰 12 프로 이상의 프로급 모델에서만 RAW 형식을 이용할 수 있습니다.

1. [설정 → 카메라 → 포맷 → 사진 캡처]에서 [ProRAW 및 해상도 제어기]를 활성화합니다. [기본 프로 포맷]은 [ProRAW 최대]로 설정합니다.

2. 모두 설정하고 카메라 앱을 켜면 화면 위쪽에 [RAW 최대]라는 아이콘이 생깁니다. 특별히 더 멋지게 보정하고 싶은 순간이 있다면 이 아이콘을 활성화하고 사진을 찍어 보세요.

3. 같은 장면을 찍어도 일반 카메라는 자동 보정을 해줘서 조금 더 밝고 선명하게 보입니다. 반면 RAW로 촬영한 사진은 보정이 안된 원본 그 자체라서 어둡고 칙칙하게 느껴질 수 있어요. 하지만 나중에 원하는 대로 자유롭게 보정할 수 있는 RAW 사진이 '진짜 원본'입니다.

▲ 아이폰에서 RAW 형식으로 촬영하고 보정한 사진

▲ 아이폰에서 일반 카메라 모드로 찍은 사진

다만 RAW 사진이라고 해서 무조건 좋은 건 아닙니다. 일반 사진의 용량이 약 1.8MB인 데 반해 RAW 촬영본은 약 20MB로 **거의 10배나 차이**가 납니다. 그래서 모든 순간을 RAW로만 기록한다면 스마트폰의 용량이 금방 동날 거예요. 가급적이면 중요한 순간만 RAW 형식으로 기록하는 것을 권장합니다.

질문 있어요! 제 아이폰에는 [ProRAW]가 없어요! — 라이트룸 모바일의 카메라 활용하기

아이폰 12 미니, 13, 14처럼 ProRAW를 지원하지 않는 모델을 사용한다면, 라이트룸 모바일 앱에 내장된 카메라 기능을 사용해 보세요. 촬영부터 보정까지 한 앱 안에서 매끄럽게 진행할 수 있어요.

1. 앱 스토어에서 '라이트룸 모바일' 앱을 검색해 설치한 후 [Lightroom] 탭에서 📷 를 탭하세요.
2. [전문가] 모드를 선택하고 파일 형식을 [DNG]로 설정하면 됩니다.

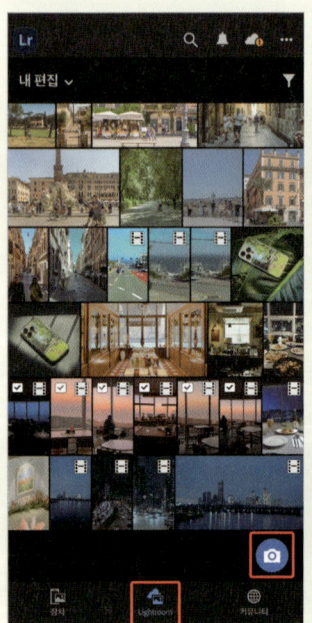
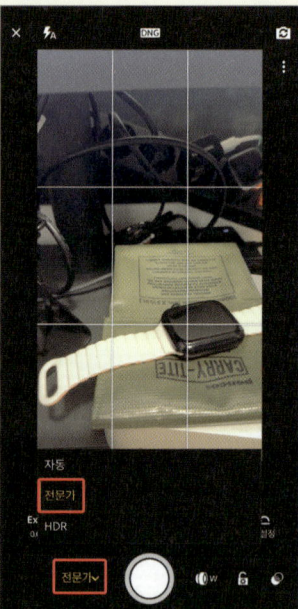
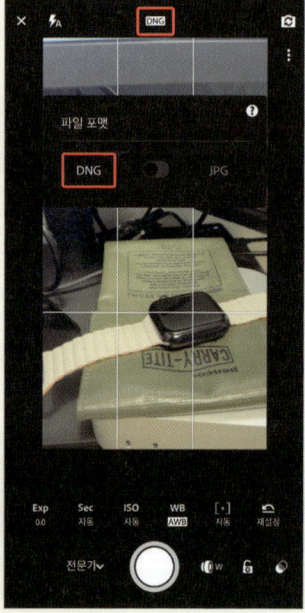

▲ DNG는 Digital Negative의 줄임말로, 어도비(Adobe)에서 만든 **표준화된** RAW 파일 형식입니다. 카메라 제조사마다 다른 RAW 포맷(CR2, NEF, ARW 등)을 사용하므로, 이를 하나의 표준 형식으로 통합하기 위해 DNG가 개발되었습니다.

지금 해 봐요 } 갤럭시 — 사진 형식을 RAW로 설정하기

갤럭시 스마트폰에서는 **프로 모드** 또는 **Expert RAW** 앱을 사용해 고화질 RAW(DNG) 사진을 촬영할 수 있습니다. 갤럭시 사용자라면 특히 **Expert RAW**를 꼭 써봐야 해요. 스마트폰인데도 일반 카메라처럼 후보정에 최적화된 RAW 퀄리티를 경험할 수 있습니다.

방법 1. 기본 카메라의 '프로 모드' 사용

1. 스마트폰의 카메라 앱을 실행하고 [더보기 → 프로]를 선택합니다.

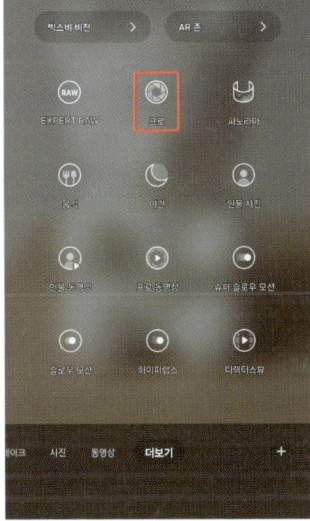

▶ 프로 모드는 갤럭시 S 시리즈, 일부 Z 시리즈 등 대부분의 플래그십 모델에서 사용 가능합니다.

2. 화면 위쪽 또는 ❶[설정] 메뉴에서 ❷[고급 사진 옵션]의 ❸[RAW 파일] 옵션을 활성화하면 그때부터 촬영한 사진은 모두 RAW로 저장됩니다.

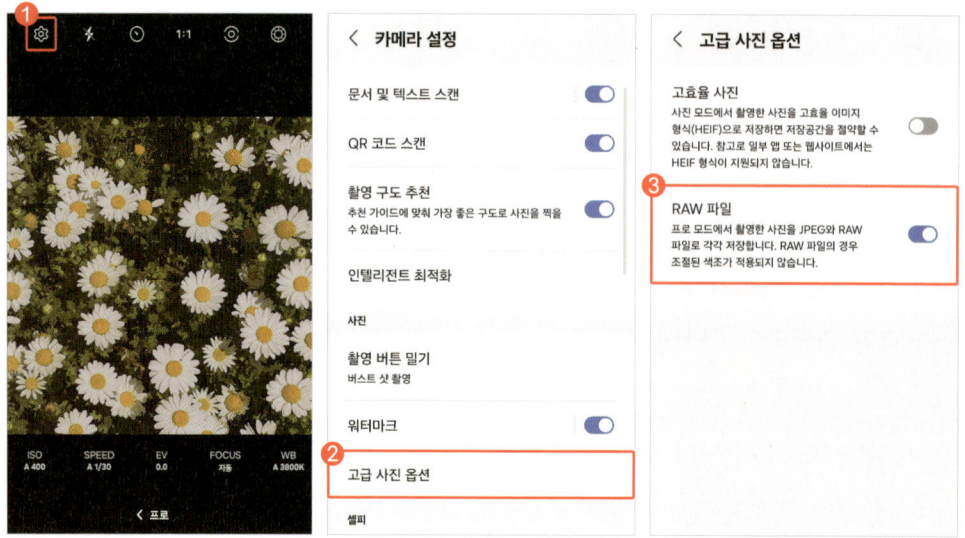

3. 촬영한 RAW 파일은 ❶[내 파일]의 ❷[DCIM] 폴더 속 ❸[Camera] 또는 [Expert RAW]에서 확인할 수 있습니다. JPG와 RAW(DNG) 파일이 함께 저장되니 일석이조입니다.

방법 2. Expert RAW 앱 사용

1. 스마트폰의 카메라 앱을 실행하고 **[더보기 → EXPERT RAW]**를 선택해 설치합니다. 메뉴가 보이지 않는다면 갤럭시 스토어 또는 Galaxy 앱스에서 'Expert RAW'를 검색하여 설치해도 됩니다.

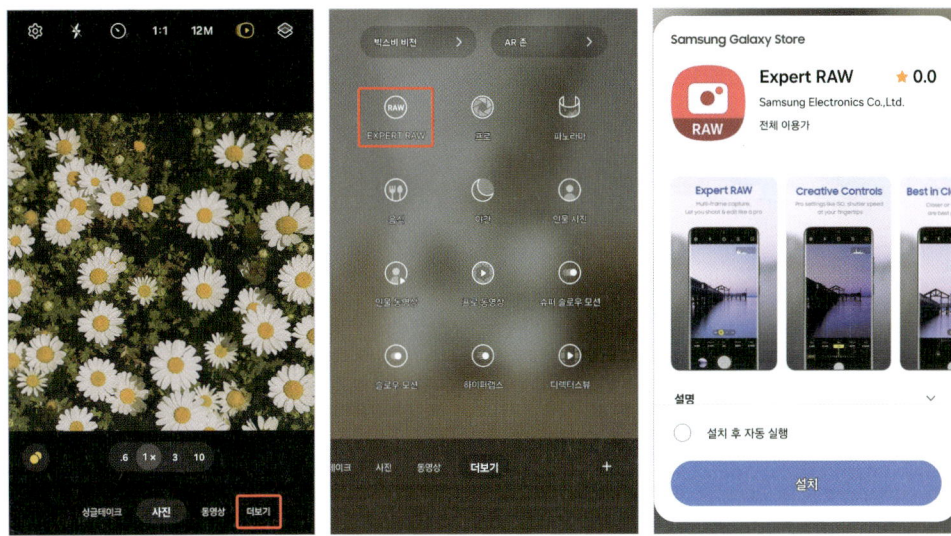

▶ S21 Ultra, S22 이상, Z Fold 등 일부 모델에서만 가능합니다.

2. Expert RAW 앱을 실행해서 RAW 형식으로 촬영합니다.

이렇게 촬영하면 JPG 없이 순수 DNG 파일만 얻을 수 있습니다. Expert RAW 모드의 가장 큰 장점은 라이트룸 등으로 연동하여 바로 편집할 수 있다는 것입니다.

이어서 다음 02-3절에서는 스마트폰의 외부 환경을 최적화해 보겠습니다.

02-3

전문가 소리 듣는 스마트폰 촬영 추천템 3가지

스마트폰으로 사진과 영상을 담는 사람들이 많아지면서 촬영을 보조하는 다양한 도구가 출시되고 있습니다. 사용해 본 제품 중에 자신 있게 소개하는 촬영 추천 아이템 3가지를 알려 드릴게요.

추천템 1. 스마트폰 짐벌

짐벌(gimbal)은 뮤직비디오, 영화와 같은 장르를 촬영할 때 흔들리지 않도록 잡아 주는 역할을 하는 장비입니다. 전문 장비여서 운영하기가 다소 어려워 전문가의 영역이었는데, 최근 수많은 스마트폰용 짐벌이 출시되면서 일반인도 쉽게 사용할 수 있게 되었습니다. 저는 '인스타 360 Flow'와 'DJI 오즈모 모바일' 제품을 사용해 봤는데, 두 브랜드 모두 평판이 꽤 좋으니 여러분도 관심이 있다면 해당 브랜드의 최신 제품을 써보길 추천합니다.

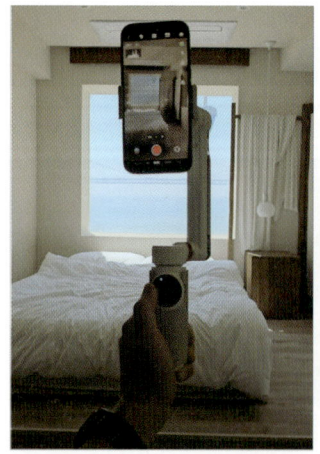

▲ 짐벌 — 인스타 360 Flow

▲ 짐벌 — 오즈모 모바일7P

추천템 2. 스마트폰 삼각대

스마트폰이 흔들리지 않게 고정해 주는 '삼각대'는 종류가 정말 다양합니다. 셀카봉이 결합된 형태부터 무거운 카메라도 거치할 수 있는 비싼 제품까지 종류와 브랜드가 정말 다양합니다. 저는 삼각대를 5개나 보유할 정도로 정말 잘 활용하고 있는데요. 삼각대를 선택하는 기준을 알려 드리겠습니다.

선택 기준	유형	추천 제품
높고 튼튼한 삼각대	알루미늄 또는 카본 재질 삼각대	벤로사의 삼각대
브이로그용 삼각대	미니 삼각대	맨프로토사의 '픽시 에보' 삼각대

높고 튼튼한 삼각대를 찾는다면 '미러리스 카메라용 알루미늄 삼각대'나 '카본 삼각대'를 선택하세요. 삼각대는 한번 구매하면 망가지기 전까지 반영구적으로 쓸 수 있으니 처음부터 튼튼한 제품을 고르는 것이 좋습니다. 단, 너무 무거우면 들고 다니기 어려우니 알루미늄, 카본 등 튼튼하지만 가벼운 재질로 만든 제품을 추천합니다. 스몰리그(Smallrig), 틸타(Tilta), 벤로(Benro) 등 유명한 브랜드에서 적정한 가격대의 삼각대를 골라 보세요! 처음부터 좋은 삼각대를 구매하는 것을 추천드립니다.

브이로그용 삼각대를 찾는다면 '미니 삼각대'를 선택하세요. 책상이나 야외에서도 부담 없이 쓸 수 있는 크기로, 브이로그를 촬영할 때 유용합니다. 높이가 낮아서 사진을 찍기엔 다소 불편하지만 출장을 갈 때 쉽게 휴대할 수 있는 것이 장점입니다. 저는 맨프로토사의 '픽시 에보' 제품을 쓰고 있어요. 스마트폰용 그립을 별도로 구매하면 장착할 수 있고 일반 미러리스 카메라에도 쓸 수 있어 활용도가 높습니다.

다만 **스마트폰보다 가벼운 삼각대는 추천하지 않습니다.** 특히 아이폰 프로 맥스 모델과 같이 크기가 크고 무거운 스마트폰을 사용한다면 저렴한 삼각대 제품에 물렸을 때 넘어지면서 파손될 위험이 있습니다. 삼각대는 가급적이면 스마트폰보다 무거운 제품을 추천하며, 불가피하게 사용하더라도 가방처럼 무거운 것을 삼각대에 기대어 놓아 흔들리지 않도록 해야 안전합니다.

추천템 3. 스마트폰 전용 렌즈 필터

최근에는 미스트 필터, ND필터, 광각 필터 등 카메라 렌즈에 간단히 부착해서 사용하는 카메라용 필터가 여럿 출시되었습니다. 선글라스처럼 빛을 차단해 과노출을 예방하는 'ND 필터', 스마트폰 기본 화각 이상의 '추가 망원 렌즈', 시네마틱한 분위기를 낼 수 있는 '미스트 필터' 등은 저도 자주 사용할 만큼 유용합니다.

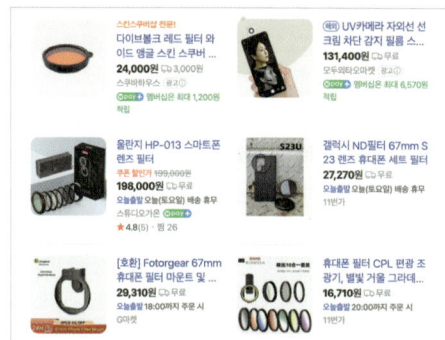

▲ '블랙 미스트 필터'를 사용한 영상

지금까지 스마트폰 카메라로 사진을 촬영하는 기본기를 닦았습니다. 두 번째 이야기에서는 스마트폰으로 찍은 사진을 인생 사진으로 만들어 줄 보정 방법을 배워 보겠습니다.

하나, 둘, 셋, 찰칵!

구도 법칙에 맞춰 일상 사진 찍기

02-2절에서 설정한 카메라로 02-1절에서 배운 4가지 구도에 맞춰 사진을 찍어 보세요.
어떤 것을 찍느냐에 따라 구도가 달라지죠. 주변의 사물을 한껏 멋지게 찍어 보세요.

[1] 3분할 법칙 — 친구 사진 찍어 주기

[2] 1/3 법칙 — 브런치 메뉴 찍어 보기

[3] 정가운데 법칙 — 애정템 찍어 보기

[4] 평행선 법칙 — 바다 수평선 찍어 보기

두 번째 이야기

차근차근 전문가의 보정 기법 따라 하기

두 번째 이야기에서는 본격적으로 사진을 보정해 보겠습니다.
아직 한 번도 '사진 보정'을 해보지 못했다고요?
괜찮습니다.
누구나 쉽게 따라 할 수 있는 간단한 필터 앱부터
전문가들이 쓰는 스마트폰 보정 앱까지 친절하게 알려 드릴게요.

03_ 누구나 쉽게 하는 간단한 무료 보정
04_ 스마트폰 감성 사진 보정 앱 '라이트룸'

03

누구나 쉽게 하는 간단한 무료 보정

'사진 보정'이라고 해서 포토샵처럼 어려운 프로그램을 쓸 필요는 없습니다.
스마트폰에 내장된 기본 보정 기능부터 무료 보정 앱까지
누구나 쉽게 적용할 수 있는 간단한 무료 보정법을 소개해 드릴게요.

03-1 • 아이폰 기본 앱으로 보정하기

03-2 • 무료 앱으로 간단한 보정하기

하나, 둘, 셋, 찰칵! • 보정한 사진 SNS에 공유하기

03-1

아이폰 기본 앱으로 보정하기

"스마트폰으로 찍은 사진은 제조사의 기본 도구로 보정하는 것이 가장 좋다"라는 말이 있을 정도로 아이폰 기본 편집 앱은 성능이 꽤 좋습니다. 간단한 튜토리얼 영상을 준비했으니 QR코드를 스캔해서 영상을 살펴보세요. 참고로 보정은 어두운 사진보단 밝은 사진일 때 훨씬 잘 되니, 처음 보정을 한다면 밝은 사진부터 시도해 보세요. 기본 앱으로 하는 보정이므로 언제든 원본으로 되돌릴 수 있답니다. 스마트폰에 내장된 기본 도구로 보정할 때의 장단점은 다음과 같습니다.

1분 영상으로 맛보기

장점	단점
• 스마트폰의 기본 기능이므로 별도로 설치하지 않음 • 가장 간편하게 보정 가능	• 정말 기본적인 기능만 있음 • 피부 보정 불가

지금 해 봐요 › 아이폰에 내장된 기본 도구로 보정하기

1. 보정하고 싶은 사진을 고르거나 QR코드를 스캔해 실습 사진 <03-1_street.jpg>를 내려받으세요. 이지스퍼블리싱 홈페이지(www.easyspub.co.kr)의 [자료실]에서도 받을 수 있습니다.

사진 내려받기

질문 있어요! QR코드를 스캔해도 다운로드가 되지 않아요.

QR코드를 스캔해도 다운로드가 되지 않는다면, URL을 복사해 크롬, 사파리 등 다른 인터넷 브라우저에서 진행해 보세요.

2. 갤러리 앱에서 사진을 선택하고 화면 아래쪽에서 [편집]을 선택합니다.

▶ [편집]은 iOS 버전에 따라 화면 오른쪽 위에 있기도 합니다.

3. **[조절]**을 선택하고 오른쪽처럼 항목을 조절하여 사진의 밝기, 색감을 바꿔 보세요.

민썸의 사진 레시피

노출 -10 | 휘도 +20 | 하이라이트 -35 | 그림자 +20 | 대비 -20
밝기 +10 | 블랙포인트 +10 | 채도 +20 | 색 선명도 -10 | 따뜻함 -5
색조 -15 | 선명도 +5 | 명료도 0 | 노이즈 감소 0 | 비네트 0

4. 편집이 다 끝났다면 화면 위쪽에서 **[완료]**를 눌러 저장합니다.

⌃ 사진 원본

⌃ 편집본

민썸의 사진 레시피 아이폰의 기본 사진 편집 항목

1. **노출** ⊙ : 사진 전체의 밝기를 조절합니다.
   → 사진이 너무 어두우면 +, 너무 밝으면 - 값으로 슬라이더를 조절하세요.

2. **휘도** ⊙ : 어두운 부분은 밝게, 밝은 부분은 조정하여 디테일을 살립니다.
   → 사진이 흐릿하거나 밋밋해 보일 경우 값을 높이면 더욱 선명한 느낌을 줄 수 있습니다.

3. **하이라이트** ⊙ : 밝은 부분만 조절합니다.
   → 하늘이나 조명이 너무 하얗게 날아갔을 경우 마이너스(-)값으로 조절하면 좋습니다.

4. **섀도우/그림자** ⊙ : 어두운 부분만 조절합니다.
   → 얼굴이 너무 어둡다면 +로 슬라이더를 조절하여 밝게 조정할 수 있습니다.

5. **명암비/대비** ⊙ : 밝은 부분은 더 밝게, 어두운 부분은 더 어둡게 만들어 줍니다.
   → 사진이 흐리게 보인다면 값을 높이고, 너무 강하면 낮추어 자연스럽게 조절합니다.

6. **밝기** ⊙ : 사진 전체의 밝기를 부드럽게 조절합니다.
   → 전체적으로 밝거나 어두운 느낌이 강할 경우 적절히 조절해 주세요.

7. **블랙 포인트** ⊙ : 어두운 부분을 더 진하게 강조합니다.
   → 사진이 흐릿하다면 값을 올려 선명하게 할 수 있어요.

8. **채도** ⊙ : 사진의 색감을 강하게 혹은 흐리게 조절합니다.
   → 색이 더 생동감 있게 보이도록 하려면 +, 색을 빼고 싶다면 - 로 슬라이더를 조정합니다.

9. **생동감/색 선명도** ⊙ : 자연스럽게 색을 강조합니다.
   → 채도보다 색감 조절이 부드러워야 할 경우에 활용하면 좋습니다.

10. **따뜻함** ⊙ : 사진의 색온도를 조절하여 따뜻하거나 차가운 느낌을 줄 수 있습니다.
    → 따뜻한 느낌을 원하면 슬라이더를 +로, 차가운 느낌을 원하면 -로 조정합니다.

11. **색조** ⊙ : 사진의 색감을 초록색 또는 핑크색 계열로 조정합니다.
    → 피부 톤을 조정하거나 특정 색감을 강조하고 싶을 때 활용합니다.

12. **선명도** ⊙ : 사진의 디테일을 더욱 또렷하게 만들어 줍니다.
    → 흐릿한 부분이 선명해지도록 조정할 수 있습니다.

13. **선명 효과/명료도** ⊙ : 대비와 선명도를 동시에 올려 입체감을 강조합니다.
    → 사진이 평면적으로 보인다면 살짝 조정하여 입체감을 살릴 수 있습니다.

14. **노이즈 감소** ⊙ : 사진 속 거친 입자(노이즈)를 줄여 부드럽게 만듭니다.
    → 어두운 환경에서 촬영한 사진에 효과적으로 사용할 수 있습니다.

15. **비네트** ⊙ : 사진의 가장자리를 어둡게 하여 시선을 중앙에 집중시킵니다.
    → 사진의 분위기를 더욱 깊이 있게 연출할 때 사용하면 좋습니다.

03-2

무료 앱으로 간단한 보정하기

이번에는 스마트폰에 내장된 기본 도구에서 한 단계 업그레이드하여 무료 앱으로 사진을 가볍게 보정해 보겠습니다. 04장에서 배울 메인 보정 앱인 '라이트룸'을 다루기에 앞서 몸풀기를 해보세요.

직관적인 사용성, 스냅시드

구글에서 만든 무료 보정 앱 **스냅시드**(Snapseed)는 유료 앱에 버금갈 정도로 사용 후기가 좋습니다. 제가 사진에 처음 입문할 때 사용한 앱이기도 해요. 또한 스마트폰에 최적화되어 있어서 입문자도 어려움 없이 사용할 수 있습니다.

스냅시드 로고

지금 해 봐요 〉 스냅시드로 사진 보정하기 1 — 기본 기능

보정하고 싶은 사진을 고르거나 오른쪽 QR코드를 스캔해서 〈03-2_green.jpg〉 사진을 내려받으세요. 이지스퍼블리싱 홈페이지의 [자료실]을 이용해도 됩니다.
▶ 다운로드가 되지 않는다면 54쪽을 참고하세요.

사진 내려받기

1. 플레이스토어 또는 앱 스토어에서 스냅시드 앱을 내려받아 설치합니다.

2. 스냅시드 앱을 실행하고 ⊕를 탭하여 사진을 불러옵니다.

3. ❶[스타일]에서 자신의 취향에 맞는 스타일을 선택해 보세요. 여기에서는 ❷[Smooth]를 선택하고 ❸체크 ✓ 아이콘을 탭합니다.

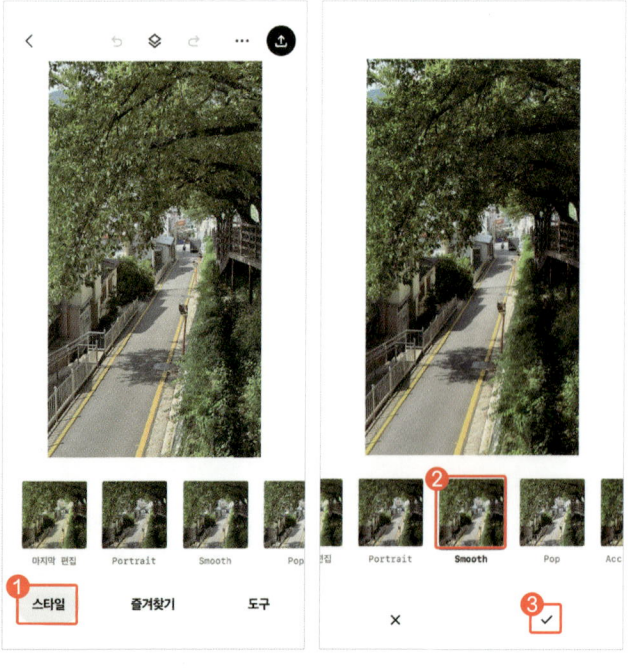

4. 스냅시드의 강력한 기능을 사용해서 사진을 변화시켜 볼게요. ❶[도구] 메뉴에서 ❷[조정]을 선택하고 ❸화면을 스와이프해 사진의 [밝기]를 원하는 수준으로 조절합니다.

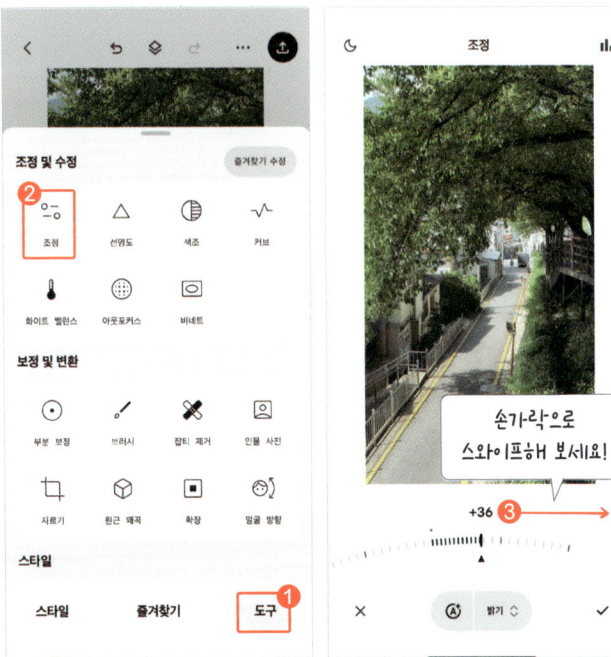

질문 있어요! 스와이프는 어떻게 하나요?

스냅시드는 사용자가 직관적으로 편집할 수 있도록 화면을 손가락으로 스와이프(문지르기)하는 방식으로 지원합니다. [도구] 메뉴의 기능은 대부분 이렇게 화면을 스와이프해서 조절할 수 있으니 참고해 주세요.

▲ 스냅시드에서 화면을 스와이프해 사진을 보정하는 장면

5. ❶화면 아래에서 아이콘을 선택해 ❷다른 항목도 조절해 보세요. 여기에서는 사진을 조금 더 화사하게 만드는 방향으로 기본 보정을 진행했습니다.

만약 보정 작업이 처음이어서 감이 잘 오지 않는다면 '사진이 이렇게도 변할 수 있구나'라는 것을 체감하는 정도여도 괜찮습니다. 사진 보정의 재미만 느껴도 큰 성공이에요.
❸마지막으로 체크 ✓ 아이콘을 탭해서 적용합니다.

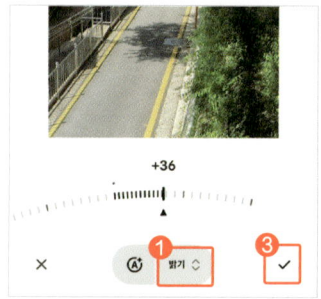

6. 다시 ❶[도구] 메뉴의 ❷[화이트 밸런스] 기능을 선택합니다.

현재 사진은 푸릇푸릇하고 온화한 느낌이 더욱 잘 어울리므로 ❸[색온도]는 온화하게 +로, [틴트]는 -로 내려 초록 색감을 첨가합니다. ❹체크 ✓ 아이콘을 탭해서 적용합니다.

7. ❶ 마지막으로 화면 위에서 ⬆를 탭합니다. ❷ 새로운 사진 파일로 저장되는 **[사본 저장]**을 선택해서 내보냅니다.

민썸의 사진 레시피 스냅시드의 '화이트 밸런스' 기능

화이트 밸런스(White Balance)는 사진의 전체 색온도를 조절하는 기능입니다. 촬영 환경에 따라 사진이 푸르거나(차가운 느낌), 또는 노랗게(따뜻한 느낌) 나올 수 있는데, 이럴 때 화이트 밸런스를 조절하면 더 자연스러운 색감으로 보정할 수 있어요. 화이트 밸런스는 사진의 전체 분위기를 좌우할 만큼 중요하니, 보정할 때 반드시 체크해 주세요.

1. **색온도**: 사진의 색감을 따뜻하거나 차갑게 조절할 수 있습니다.

- 수치를 높이면: 전체적으로 노란빛(따뜻한 톤)이 강조됨
- 수치를 낮추면: 전체적으로 푸른빛(차가운 톤)이 강조됨

음식 사진을 찍을 때 어떤 곳은 더 맛있게 보이고, 어떤 곳은 밋밋하게 느껴질 때가 있는데요. 이는 조명의 색온도 차이 때문이에요.
예) 실내 조명 아래에서 사진이 너무 노랗다면 → 색온도 수치를 낮춰 보정

▲ 색온도를 높여 노란빛이 강조된 모습

▲ 색온도를 낮춰 푸른빛이 강조된 모습

2. **색조**: 사진의 색감을 초록색 또는 마젠타(보라색) 계열로 미세하게 조절할 수 있습니다.

- 수치를 높이면: 마젠타 느낌이 강해짐
- 수치를 낮추면: 초록빛이 강조됨

색온도만으로 색감이 완전히 맞지 않을 때 색조 기능을 추가로 활용하면 더욱 섬세한 보정이 가능합니다.
예) 형광등 아래에서 찍은 사진에 초록빛이 강하게 나타난다면 → 색조 수치를 높여 보정

▲ 색조(틴트)를 높여 마젠타가 강조된 모습

▲ 색조(틴트)를 낮춰 초록빛이 강조된 모습

지금 해 봐요 〉 스냅시드로 사진 보정하기 2 — 핵심 기능

스냅시드의 **[도구]** 탭에서 상황에 맞게 사진을 편집해 보겠습니다. 조절 방법이 직관적이어서 사진 편집이 쉽게 느껴질 거예요.

사진 내려받기

1. 전깃줄 지우기

먼저 스냅시드에서 <03-2_hill.jpg> 사진을 엽니다. ❶화면 아래쪽에서 [도구] 탭을 탭하고 ❷[잡티 제거]를 선택합니다. ❸두 손가락을 벌려 사진을 확대/축소하며 전깃줄을 드래그하면 정말 간단히 지울 수 있습니다. 포토샵으로 보정한 것처럼 말끔히 지워지고 빈 부분이 자동으로 채워집니다. ❹ ✓ 를 탭해서 적용합니다.

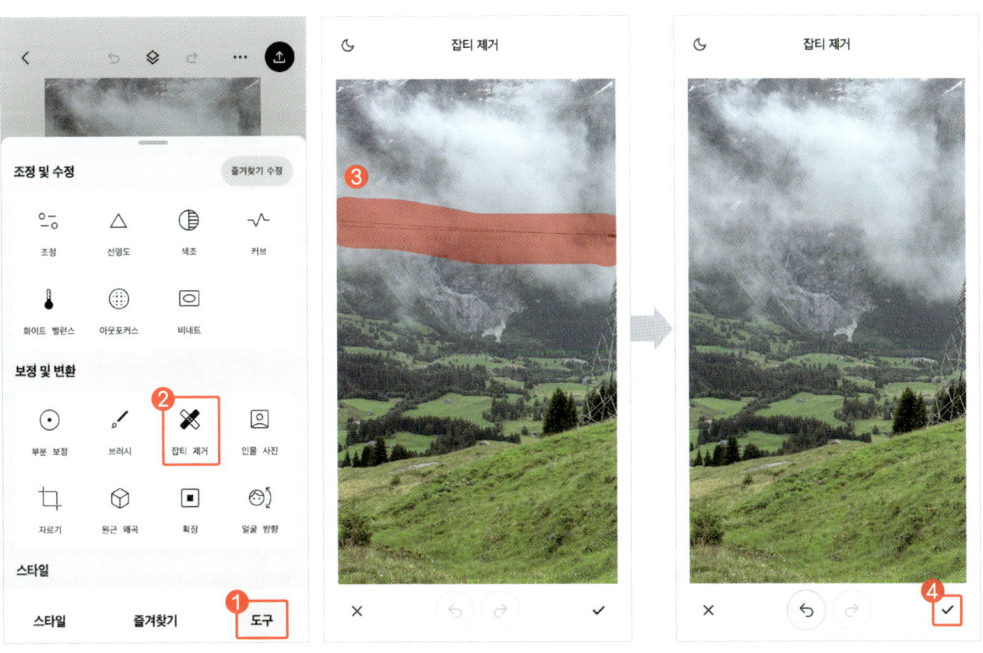

63

2. 사진의 틀어짐 손쉽게 복구하기

기울이기, 회전, 크기 조정 등 사진을 찍을 때 미처 맞추지 못한 것들을 AI 보정 기능으로 말끔히 수정할 수 있습니다.

❶ [도구] 탭을 누른 다음 ❷ [원근 왜곡]을 누르고 ❸ 화면을 드래그하며 기울임을 보정해 보세요. [자동 조정 Ⓐ]을 탭해도 드라마틱한 변화를 바로 확인할 수 있어요. ❹ ☑를 탭해서 적용합니다.

3. 원하는 부분만 보정하기

❶ [도구] 탭에서 ❷ [부분 보정]을 탭하고 ❸ 보정할 부분을 탭해 보세요. ❹ 아래쪽에서 화면을 좌우로 스와이프하면 보정값을 조절할 수 있습니다. ❺ 밝기 ⌄ 를 탭하면 다른 보정 메뉴를 선택할 수 있습니다.

하나, 둘, 셋, 찰칵!

보정한 사진 SNS에 공유하기

02장의 [하나, 둘, 셋, 찰칵!]에서 촬영한 사진 하나를 골라 스냅시드로 보정해 봅니다. 인스타그램에서 '민썸'과 '이지스퍼블리싱' 계정 태그와 해시태그를 사용해 보정한 사진을 공유하고 다른 독자들의 사진도 구경해 보세요.

_ 민썸 인스타그램   @minsome_eo
_ 이지스퍼블리싱 인스타그램   @easyspub_it
_ 본문 내 삽입 해시태그   #오늘을남기는기록_스마트폰사진

태그해 주신 몇 분께 소정의 선물을 드립니다!

65

04

스마트폰 감성 사진 보정 앱 '라이트룸'

저는 꽤 오랫동안 풍경, 인물, 제품, 공간 등 다양한 분야의 사진을 라이트룸으로 편집해 왔습니다.
다른 프로그램도 많은데 왜 라이트룸을 선택했을까요?
사진작가들이 선택한 1등 보정 앱, 라이트룸의 특징과 저만의 라이트룸 설정 방법,
그리고 라이트룸의 유용한 핵심 기능까지 소개할게요!

04-1 • 모바일 라이트룸을 쓰는 이유

04-2 • 라이트룸 간단하게 사용해 보기

04-3 • 꼭 알아야 할 라이트룸의 보정 기능 8단계

04-4 • 라이트룸이 쉬워지는 민썸의 특급 비밀 3가지

하나, 둘, 셋, 찰칵! • 워터마크를 삽입한 나만의 사진 출력하기

04-1

모바일 라이트룸을 쓰는 이유

이 세상에는 정말 다양한 사진 편집(보정) 프로그램이 있습니다. 제가 써본 프로그램만 해도 5~6개쯤 되는데, 그중 가장 추천하는 프로그램은 단연 **라이트룸**입니다. 라이트룸이 사진작가에게 가장 인기 있는 이유가 무엇일까요? 크게 5가지로 살펴보겠습니다.

라이트룸 로고

> PC 버전의 라이트룸이 있지만, 이 책에서는 앱으로 출시된 '모바일 라이트룸'을 사용합니다.

하나. 어도비에서 만들어 신뢰성과 연동성을 더했습니다!

첫 번째 이유는 라이트룸이 어도비(Adobe)에서 만든 프로그램이라는 점입니다. 어도비는 포토샵, 일러스트레이터, 프리미어 프로처럼 **이미 수많은 전문가들이 사용하는 프로그램을 만든 회사**입니다. 이러한 어도비의 기술력 덕분에 라이트룸도 성능과 안정성 면에서 신뢰할 수 있고 무엇보다 디바이스 간 연동이 매우 뛰어납니다. 예를 들어, 모바일 라이트룸에서 편집한 사진을 데스크탑 포토샵에서 바로 열 수 있고, 어도비 포트폴리오 웹사이트에서 공유하거나 관리하는 것도 간편합니다.

▲ PC의 포토샵에서 모바일 라이트룸의 작업 사진을 불러온 모습

둘. PC와 스마트폰 간의 동기화가 빠릅니다!

PC에서 작업하던 사진을 그대로 스마트폰으로 가져와 이어서 작업할 수 있다면 얼마나 좋을까요? 라이트룸을 사용한다면 가능합니다. 클라우드 작업 공간으로 **작업 내용을 동기화**할 수 있기 때문인데요. 무겁게 노트북을 들고 다니지 않아도 스마트폰 하나로 작업을 이어 나갈 수 있어서 효율이 매우 높습니다. 단, PC 버전의 라이트룸을 구독해야 스마트폰과 실시간으로 동기화할 수 있다는 것을 기억해 두세요!

▲ 편집 사진을 공유하는 PC와 모바일 버전의 라이트룸

 셋. 유명 사진작가의 팁을 쉽게 배울 수 있습니다!

모바일 라이트룸 앱 화면의 아래쪽에서 **[커뮤니티]**를 탭하면 세계 유명 작가들의 사진 보정 팁을 쉽게 찾을 수 있습니다. 자신이 원하는 색감을 구현한 사진작가를 찾아서 노하우를 확인하고 여러분의 사진을 업그레이드해 보세요.

▲ 라이트룸 앱 내 [커뮤니티] 화면

넷. 나만의 설정, 프리셋으로 편하게 적용할 수 있습니다!

라이트룸에서 자신이 직접 편집한 색감을 앱에 저장해 두었다가 언제든지 꺼내어 적용할 수 있습니다. **사전 설정** 또는 **프리셋**이라는 기능인데, 번거롭게 다시 편집하지 않고 버튼 하나만 탭하면 색감을 적용할 수 있습니다. 또한 프리셋을 다른 사람과 공유해서 나의 색감을 선물할 수도 있어요. 저는 이렇게 만든 고퀄리티 프리셋을 웹에 올려서 수익화도 이뤄냈습니다.

▲ [사전 설정] 선택 화면

다섯. AI를 이용해 불필요한 개체를 간편하게 지울 수 있습니다!

최신 스마트폰이 아니라면 AI 기능을 쓸 수 없어 아쉽다고 느끼셨을 수도 있어요. 하지만 걱정하지 마세요. 모바일 라이트룸에는 [AI 복구] 도구가 탑재되어 있습니다. 전선, 사람, 새처럼 몰입을 방해하는 요소를 빠르게 지우는 기능으로, 아주 유용합니다.

> [AI 복구] 도구는 라이트룸 프리미엄을 유료 구독해야 사용할 수 있습니다.

▲ [AI 복구] 도구로 잡티 지우기

라이트룸의 PC 버전과 모바일 버전은 디자인 차이만 조금 있을 뿐 PC 버전의 기능 대부분을 모바일 버전에서도 사용할 수 있습니다. 특히 사진 파일을 분류하고 보정, 출력하기까지 편집에 필요한 모든 기능이 모바일 버전에도 구현되어 있어서 언제 어디서나 스마트폰으로 쉽게 보정할 수 있죠. 앞으로 모바일 라이트룸을 마스터한다면 PC 버전도 어렵지 않게 사용할 수 있을 거예요.

04-2

라이트룸 간단하게 사용해 보기

"모바일 라이트룸이 유용한 앱인 건 알겠는데, 처음 사용하는 사람에게는 너무 어렵고 어떤 것부터 시작해야 할지 모르겠어요!" 이젠 걱정하지 마세요. 라이트룸에 입문하는 분들을 위해 첫 시작부터 필수 설정법, 그리고 알아 두면 좋은 내용까지 모두 소개하겠습니다.

라이트룸 로고

지금 해 봐요 〉 라이트룸 무료 체험하기

1. 앱 스토어 또는 플레이 스토어에서 '라이트룸'을 검색해서 앱을 내려받으세요. 앞으로 사용할 계정을 선택해 로그인합니다.

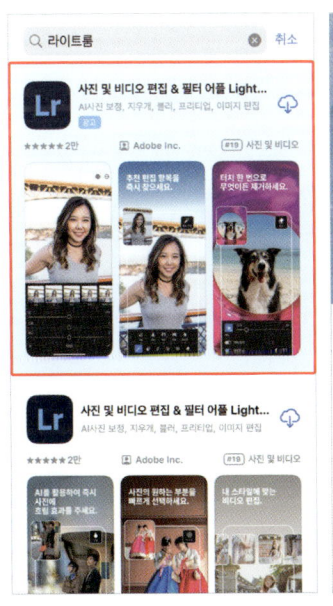

> '라이트룸'을 검색해도 비슷한 앱이 많아서 어떤 것을 선택해야 할지 잘 모르겠나요? **보통 최상단**에 있거나 **후기가 가장 많은 앱**이 공식 앱일 확률이 높아요. 사용자 후기가 이미 2만 개나 돼서 여러분도 쉽게 찾을 수 있을 거에요!

> PC와 모바일 라이트룸을 둘 다 사용할 계획이라면 PC에서 활발하게 사용하는 구글 아이디로 로그인할 것을 권장합니다. 다만 이건 여러분의 사용 환경이 무척 중요하니 정말 자주 쓰는 계정을 선택해 주세요.

2. 로그인하면 첫 시작 화면이 나타납니다.
위쪽의 별 아이콘 ⭐을 탭하면 유료 기능을 '무료 체험판'으로 7일간 사용해 볼 수 있습니다.

▲ 라이트룸의 첫 시작 화면 　　　　　　　　　　　　　　　▲ 라이트룸 프리미엄 버전을 구독하는 화면

모바일 라이트룸은 기본적으로 무료이지만 유료로만 사용할 수 있는 몇 가지 기능이 있습니다. 대표적인 유료 기능으로 **AI 복구, 마스크, 렌즈 흐림 효과** 등이 있습니다. 물론 유료로 전환하지 않더라도 꽤 높은 수준으로 보정할 수 있으므로 지금은 일단 **무료 체험판**으로 시작해 보는 걸 추천합니다. 이 책과 함께 7일간 따라 해보면서 보정의 재미를 빠르고 간단하게 느껴 보면 좋겠습니다.

지금 해 봐요 } 사진을 보정하기 전 꼭 해야 하는 사전 작업

라이트룸을 처음 사용한다면 지금부터 설명하는 간단한 설정법을 꼭 적용해 보세요.

1. 화면 밝기는 최대 또는 균일하게 유지

균일한 밝기로 사진을 보정하려면 스마트폰의 화면 밝기를 최대 또는 일정한 밝기로 유지해 주세요. 일관된 환경에서 사진을 보정해야 색감이 틀어지는 불상사를 막을 수 있습니다.

아이폰은 화면 오른쪽 위에서 아래로 쓸어내린 다음, 화면 밝기를 가장 높게 설정합니다. **갤럭시**를 사용한다면 마찬가지로 상단 퀵 패널 바를 아래로 쓸어내려 '밝기 조절 바'를 가장 밝게 설정해 주세요. 만약 '자동 밝기'가 설정되어 있다면 설정을 끈 후 진행하면 됩니다.

▲ 아이폰에서 화면 밝기를 최대로 설정한 모습

2. 사진 정리하기

이번 여행에서 찍은 사진이 무려 100장이나 된다고요? 작업할 사진이 많다면 폴더로 미리 정리해 두세요. 스마트폰 앨범의 정리된 상태 그대로 라이트룸 앱에 반영됩니다! 최근 다녀온 여행 사진이 있다면 폴더에 모아 두고 라이트룸에서 편집하면 사진을 찾는 시간을 대폭 줄일 수 있어요.

▲ 스마트폰 앨범

▲ 라이트룸에 반영된 스마트폰 앨범

지금 해 봐요 〉 라이트룸으로 보정하기 1 — 자동 보정하기

스마트폰으로도 전문가처럼 사진을 보정할 수 있을까요? 물론 가능합니다. 이번 실습에서는 라이트룸을 활용하여 **사진을 쉽고 효과적으로 보정하는 방법**을 설명합니다. 혹시나 이해되지 않아도 괜찮습니다. 이어지는 내용에서 더욱 자세히 설명하고, 또한 여러 번 반복해서 알려 드릴 테니까요. 단계별로 따라 하다 보면 어느새 감각적인 사진을 만들 수 있을 거예요.
자, 지금부터 함께 시작해 볼까요?

사진 내려받기

1. 사진 불러오기

라이트룸을 실행한 후 ❶아래쪽 [장치] 탭에서 ❷<04-2_alley.jpg> 또는 여러분이 보정하고 싶은 사진을 선택하세요. ❸사진을 선택하면 바로 [편집 ⚙] 모드로 들어갑니다.

> **질문 있어요!** 사진을 찾기 어렵다면?
>
> 만약 [장치] 탭에서 사진을 찾기 어렵다면 [Lightroom] 탭으로 이동해서 [사진 추가 → 장치]를 클릭해 수동으로 사진을 불러올 수 있습니다.
>
>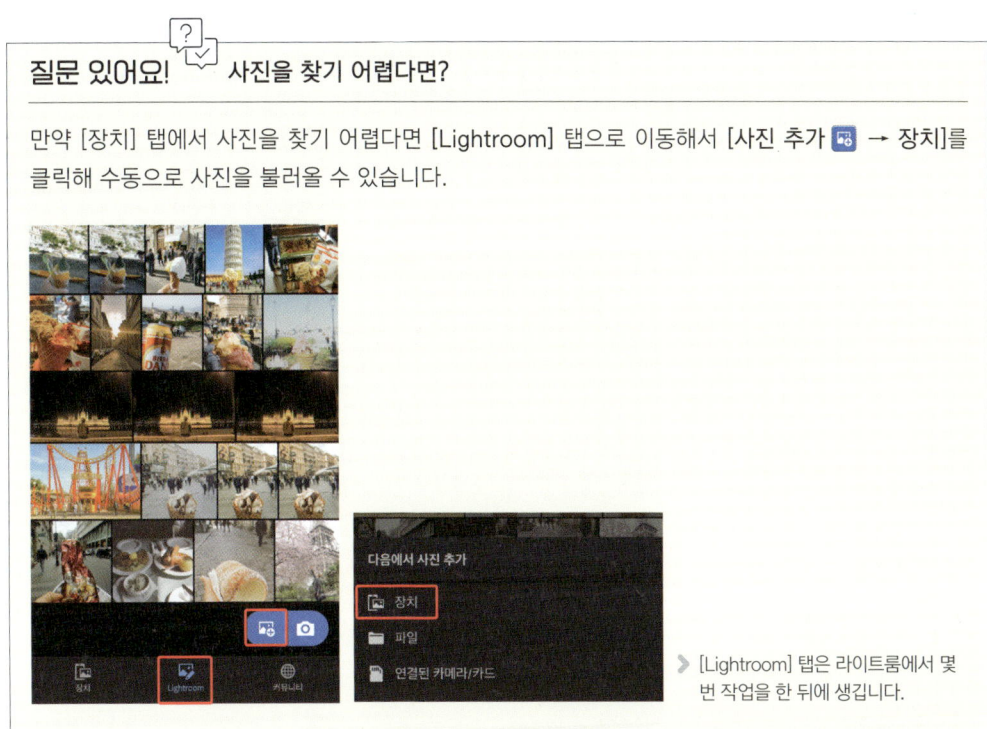
>
> ▶ [Lightroom] 탭은 라이트룸에서 몇 번 작업을 한 뒤에 생깁니다.

2. 처음부터 어렵게 생각하지 말고 화면 아래쪽에서 **[자동]** 버튼을 눌러 보세요. 라이트룸이 알아서 사진을 분석하고 기본적인 보정을 해줍니다.

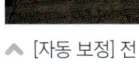

▲ [자동 보정] 전　　　　　　▲ [자동 보정] 후

3. 히스토그램 확인하기

화면 오른쪽 위에서 ❶[설정 ⋯]을 선택하고 ❷[보기 옵션]을 탭해 ❸[정보 오버레이 표시]를 활성화한 후 ❹[히스토그램]을 선택하면 그래프가 생성되는데, 이것이 바로 '히스토그램'입니다. 어두운 영역부터 밝은 영역까지 빛이 고르게 분포된 것을 확인할 수 있습니다.

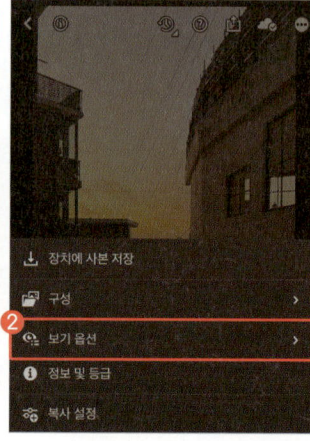

▲ [자동 보정] 전

▲ [자동 보정] 후

▶ 히스토그램을 좀 더 자세히 알고 싶다면 04-3절 2단계를 참고하세요.

지금 해 봐요 ▸ 라이트룸으로 보정하기 2 — 노출/명암 조정하기

사진의 밝기와 대비를 조절하여 좀 더 생동감 있는 이미지를 만들어 보겠습니다.

1. 먼저 사진 전체의 밝기를 조절해 보겠습니다. ❶화면 아래에서 [밝기]를 탭하고 ❷[노출] 슬라이더를 드래그해 움직이면 됩니다. 사진이 너무 어두우면 슬라이더를 오른쪽으로 드래그해 [노출] 값을 살짝 올려 주고, 반대로 너무 밝으면 왼쪽으로 드래그해 내려 주세요.

> 보정 값은 실습 끝에 있는 [민썸의 사진 레시피]를 참고하세요!

▲ [노출]을 +로 조절했을 때   ▲ [노출]을 -로 조절했을 때

질문 있어요! 사진이 하얗게 날아갔어요! — 클리핑 현상

밝기를 조절할 때에는 중간중간 히스토그램을 보면서 그래프가 너무 오른쪽으로, 또는 왼쪽으로 치우치지 않았는지 관찰해 주세요. 오른쪽 끝 또는 왼쪽 끝에 너무 가까이 붙거나 초과해 버리면 하얗게 날아가 버리거나 어둡게 변하는 **클리핑 현상**이 발생할 수 있습니다.

> 클리핑 현상에 대한 자세한 설명은 04-3절 2단계를 참고하세요.

2. [대비]를 조절해 볼까요? 대비를 올리면 사진이 좀 더 선명해지고 강렬한 느낌을 주는데, 반대로 낮추면 부드러운 느낌이 납니다.

▲ [대비]를 +로 조절하여 명암이 뚜렷해진 사진

▲ [대비]를 -로 조절하여 명암차가 줄어든 사진

3. 이번에는 [밝은 영역]과 [어두운 영역]을 조절해 보겠습니다.

밝은 부분(구름, 하얀 옷 등)이 너무 날아갔다면 밝은 영역(하이라이트)을 낮춰 주세요. 이번 사진처럼 노을 진 하늘이 너무 밝으면 **[밝은 영역]**을 -로 조절하여 노을을 더욱 선명하게 표현하는 게 좋습니다.

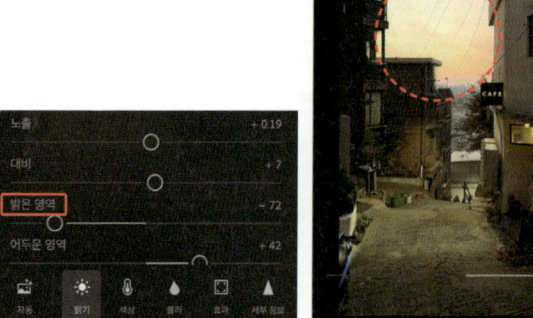
▲ [밝은 영역]을 +로 조절했을 때

▲ [밝은 영역]을 -로 조절했을 때

4. [어두운 영역]을 조절하면 빛이 부족한 부분을 밝게 또는 어둡게 보정할 수 있습니다. 지금 사진 속 골목길 부분처럼 빛이 들어오지 않아 그림자가 생기는 부분을 조절할 수 있어요. 앞에서는 [밝은 영역]으로 노을을 부각시켰으니, 이번에는 반대로 **[어두운 영역]**으로 골목길을 더욱 어둡게 표현하면 노을 풍경을 더욱 극대화할 수 있습니다.

▲ [어두운 영역]을 +로 조절했을 때   ▲ [어두운 영역]을 -로 조절했을 때

5. [흰색 계열]과 [검정 계열]을 조정해 깊이감을 추가합니다.

[흰색 계열]에 해당하는 노을 진 하늘 부분이 어떻게 변화하는지 잘 관찰하면서 조절합니다. 노을이 더욱 돋보이게 만들고, 건물에 묻어나는 빛이 자연스럽게 조화를 이루도록 **[흰색 계열]**과 **[검정 계열]**을 조금씩만 조절합니다.

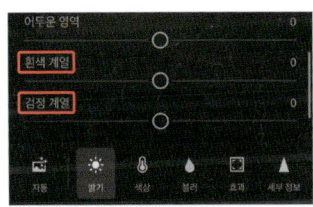  

▲ [흰색 계열]을 높여 밝은 부분을 강조한 모습   ▲ [검정 계열]을 낮춰 어두운 부분을 깊어지게 만든 모습

지금 해 봐요 } 라이트룸으로 보정하기 3 — 색감 조정하기

이어서 사진의 색온도와 채도를 조절하여 원하는 분위기를 만들어 보겠습니다.

1. ❶먼저 [색상] 탭에서 [색온도]와 [색조]를 조절합니다.
❷사진이 너무 차갑게 보이면 [색온도]를 조금 올려서 따뜻한 느낌을 줄 수 있어요. 반대로 너무 노랗다면 [색온도]를 살짝 낮춰서 푸른 느낌을 더할 수 있어요.

▲ [색온도]를 높여 따뜻한 분위기 연출

▲ [색온도]를 낮춰 차가운 분위기 연출

질문 있어요! 골든아워, 블루아워 타임에 찍은 사진은 [색온도]를 어떻게 조절하나요?

해가 지기 전 골든아워 타임이라면 [색온도]를 +로 조절하여 따뜻한 느낌을 주어야 잘 어울립니다. 해가 지고 난 후 하늘이 푸르스름해지는 블루아워 타임이라면 [색온도]를 -로 조절하여 차가운 느낌을 주는 것이 일반적인 보정 방법입니다.

▲ 골든아워 사진에서 [색온도]를 높인 모습   ▲ 블루아워 사진에서 [색온도]를 낮춘 모습

2. **[색조]**를 활용하면 **색 균형**을 조절할 수 있어요.

초록빛이 너무 강하면 슬라이더를 오른쪽 **[마젠타(보라색)]** 방향으로 드래그하고, 반대로 보라빛이 강하면 왼쪽 **[초록색]** 방향으로 조정해 보세요. 자연스럽고 균형 잡힌 색감을 만들 수 있습니다.

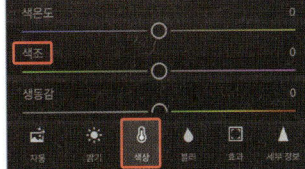

▲ [마젠타] 방향으로 색조를 조정한 모습   ▲ [초록색] 방향으로 색조를 조정한 모습

3. [생동감]과 [채도]를 조절해 색을 살려보세요.

[생동감]의 값을 올리면 사진이 자연스럽게 살아나고, [채도]를 높이면 색이 더 강렬해져요. 하지만 너무 과하면 부자연스러워질 수 있으니 적절하게 조절하는 것이 포인트입니다.

▲ [생동감]을 높인 모습   ▲ [채도]를 높인 모습

4. [색상 혼합(HSL)]에서 특정 색상을 따로 조절할 수도 있어요. 예를 들어 노을을 조금 더 빨갛게 만들고 싶을 때 [색상] 탭의 [생동감] 또는 [채도]를 높이면 되겠다고 생각할 수 있습니다. 하지만 이렇게 하면 사진 전체 색상의 [생동감]과 [채도]가 증가해서 처음 의도한 것과 다르게 진행됩니다. 이럴 때 자신이 원하는 색상만 골라서 변화시키는 기능인 [색상 혼합]을 사용하면 됩니다.

❶ [색상] 탭의 위쪽에 있는 ❷ [색상 혼합]을 선택해 주세요.

5. ❶화면 아래에서 [**색상 선택** ◉] 아이콘을 탭한 후 ❷색상을 보정할 부분을 선택하고 ❸ 스와이프하여 조절합니다. 이때 화면 아래쪽에서 어떤 것을 조절할지 꼭 선택하세요. 여기에서는 [**색조**]를 이용해 노을을 조금 더 빨갛게 만들고 [**채도**]로 농도를 높였습니다. 그리고 너무 과하지 않게 주변 밝기에 맞게 [**휘도**]를 조절했습니다.

 민쌤의 사진 레시피   [밝기]와 [색상] 메뉴 레시피

[밝기] 노출 +0.19 | 대비 +7 | 밝은 영역 -72 | 어두운 영역 +42 | 흰색 계열 +10 | 검정 계열 -50
[색상] 색온도 -4 | 색조 +10 | 생동감 +13 | 채도 +4

지금 해 봐요 〉 라이트룸으로 보정하기 4 — 디테일 조정하기

마지막으로 사진의 선명도를 높이고 분위기를 조절할 거예요. [효과] 탭에서 디테일한 부분을 조정할 수 있습니다.

1. [그레인]으로 필름 사진 느낌 주기

빈티지한 느낌을 살리고 싶다면 ❶[효과] 탭에서 ❷[그레인]을 추가하세요. 반대로 깔끔한 디지털 사진을 원하면 [그레인]을 0으로 유지하세요. 저는 대부분의 사진에 그레인을 조금씩 추가하여 필름 분위기를 연출하고 있습니다.

> [텍스처], [부분 대비], [디헤이즈]는 과하게 조절하면 사진이 인위적으로 보일 수 있으니 주의하세요.

질문 있어요! 보정 작업을 하다가 중간에 저장할 수 있나요?

물론 가능합니다! 다만 라이트룸에는 '저장'이라는 개념이 따로 없어요. 작업하다가 화면 위쪽의 [뒤로 가기 ◀] 버튼을 탭하거나 앱을 정상 종료하면 다음에 열었을 때 그대로 이어서 편집할 수 있습니다. 다시 작업을 이어가고 싶다면 [Lightroom] 탭에서 해당 사진을 선택하면 돼요. 단, 해당 사진을 삭제하거나 외부에서 변경하면 작업 내용이 유실될 수 있으니 주의해 주세요.

04-3

꼭 알아야 할 라이트룸의 보정 기능 8단계

라이트룸에서 사진을 보정하는 작업 과정은 다음과 같이 8단계로 이루어집니다. 제가 작업하는 모든 사진은 이 8단계를 거쳐 탄생합니다. 앞에서 배운 라이트룸 보정에서 조금이라도 재미를 느꼈다면 지금부터 설명하는 내용이 여러분에게 큰 도움이 될 거예요.

> 단계는 상황에 따라 생략하거나 순서가 달라질 수 있습니다.
> 유료 서비스인 '프리미엄'을 사용한다는 전제로 설명합니다. 무료 체험판을 구독한 후 실습을 진행하세요.

생각보다 여러 단계여서 복잡해 보이나요? 걱정하지 마세요. 여러분의 걱정을 덜어 주기 위해 쉬운 설명과 상황별 멋진 보정법을 준비했습니다. 여러분은 차근차근 따라오기만 하면 됩니다.

1단계. 보정의 기본! — 사진 자르기

가장 먼저 할 일은 사진을 자르는 것입니다. 사용 목적에 맞게 사진 비율을 조절하거나 불필요한 요소를 덜어 내면 사진에 몰입감을 더할 수 있습니다.

1. [자르기] 기능

아래쪽 메뉴에서 ❶[자르기]를 탭하면 사진을 알맞은 구도로 잘라 낼 수 있습니다.
❷[종횡비]를 눌러 원하는 비율을 선택하고 이미지를 자르면 됩니다.

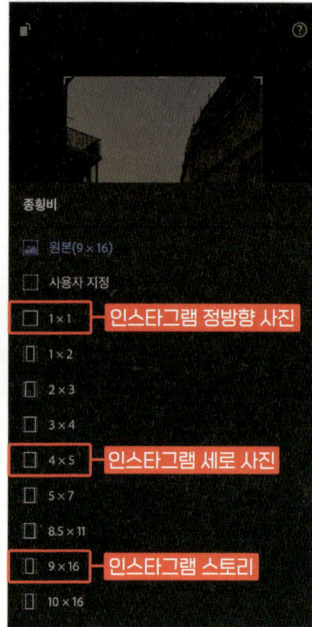

질문 있어요! SNS 플랫폼별 올리는 사진 사이즈를 알고 싶어요!

보통 인스타그램에 스토리를 올릴 땐 9×16을 쓰고, 인스타그램 세로 사진을 올릴 땐 4×5를 사용합니다. 그리고 유튜브 섬네일이나 일반적인 가로 사진은 16×9를 추천합니다.

▲ 인스타그램 스토리 사진(9×16)   ▲ 인스타그램 세로 사진(4×5)   ▲ 유튜브 섬네일 사진(16×9)

2. 틀어진 사진을 바로 맞춰 주는 [수평 맞춤]

사진 크기를 선택했다면 **[수평 맞춤]**을 꼭 적용해 주세요. 틀어진 사진을 라이트룸 AI가 분석해서 올바르게 맞춰 줍니다.

의도와 다르게 조절됐다면 사진 아래쪽에 있는 슬라이더를 드래그해 수동으로 맞춰 주세요.

▲ [수평 맞춤] 적용 전   ▲ [수평 맞춤] 적용 후

3. AI가 분석해 왜곡을 잡아 주는 [자동 도형] — 유료

만약 [수평 맞춤]으로도 해결되지 않는 왜곡이 있다면 **[자동 도형]** 기능을 사용해 보세요. [자동 도형]은 AI가 사진을 분석하여 왜곡이라고 판단된 부분을 잡아서 조금 더 보기 편한 상태로 만들어 주는 아주 고마운 기능입니다. 단, 어디까지나 편의 기능이므로 너무 심하게 왜곡 변형이 일어난다면 사용하지 않는 것을 추천합니다.

> [자동 도형]은 '프리미엄' 기능이므로 무료 체험판 버전으로 업그레이드하거나 유료 구독으로 전환해야 사용할 수 있습니다.

▲ [자동 도형] 사용 전

▲ [자동 도형] 사용 후

2단계. 히스토그램을 보며 전체 밝기/대비/노출 보정

사진 보정을 시작할 때 알아두면 좋은 기본 개념 6가지를 소개할게요. 바로 '노출, 대비, 밝은 영역, 어두운 영역, 흰색 계열, 검정 계열'입니다. 이 항목들은 사진의 전체 밝기 분포를 조절하는 데 사용되며, 히스토그램이라는 도구를 참고하면 더 정확하게 조정할 수 있어요. **히스토그램**은 사진 속 밝기 분포를 그래프로 보여주는 시각적인 도구예요. X축은 어두운 영역부터 밝은 영역까지의 밝기 단계를, Y축은 해당 밝기를 가진 픽셀의 개수를 나타냅니다.

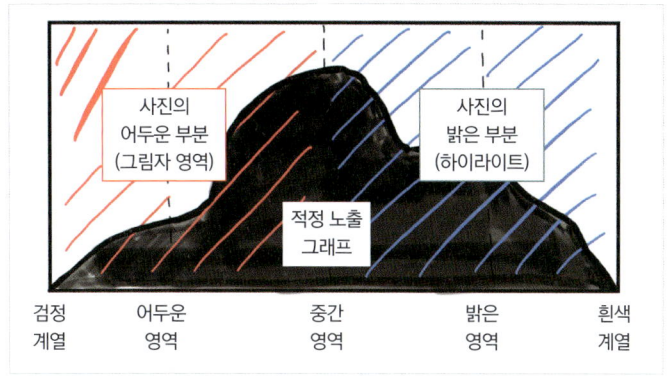

▲ 히스토그램 구조

히스토그램 그래프가 한쪽으로 치우쳐 있다면 **클리핑 현상**이 발생할 수 있어요. 클리핑이란, 사진이 너무 밝아서 하얗게 날아가거나 너무 어두워서 완전히 검게 뭉개지는 현상을 말해요. 이 영역들은 색 정보가 거의 없기 때문에, 색 보정을 시도해도 원하는 결과가 나오지 않거나 이미지가 깨질 수 있습니다.

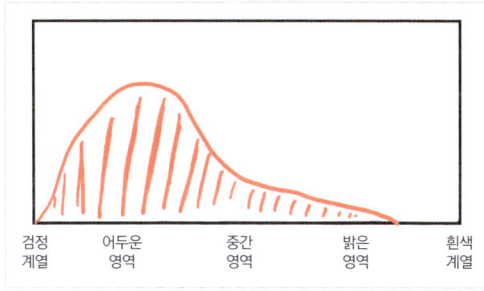

▲ 어두운 부분으로 치우친 히스토그램   ▲ 밝은 부분으로 치우친 히스토그램

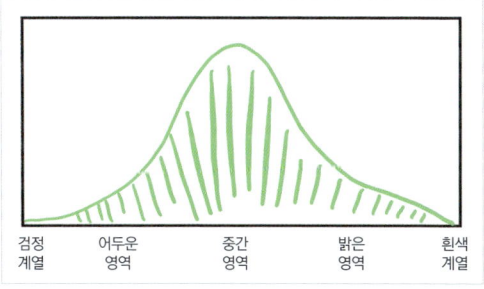

▲ 중앙에 고르게 분포되어 적절한 상태의 히스토그램

히스토그램 그래프가 한쪽으로 치우쳐 있다면 '적정 노출'에 가까워지도록 [밝기] 탭의 항목을 조절해 보세요. 그래프가 어두운 쪽에 몰려 있다면 [노출], [밝은 영역], [어두운 영역], [검정 계열], [흰색 계열] 등의 슬라이더를 오른쪽으로 조금씩 드래그해서 균형 잡힌 형태를 만들어 보세요.

> 히스토그램은 라이트룸 화면의 오른쪽 위에서 [설정]을 탭한 후 [보기 옵션 → 정보 오버레이 표시 → 히스토그램]을 선택하면 나타납니다.

지금까지 배운 사진 [밝기]의 보정 기능 6가지를 정리해 보겠습니다.

기능	설명
❶ 노출	사진 전체 밝기를 조절합니다. 사진이 너무 어두우면 슬라이더를 오른쪽으로 살짝 드래그해서 값을 올려 주고, 너무 밝으면 왼쪽으로 드래그해서 값을 내려 주세요. 히스토그램을 확인하면서 그래프가 너무 한쪽으로 몰리지 않도록 조절하세요.
❷ 대비	밝고 어두운 부분의 차이를 조절하여 사진을 더 선명하게 만듭니다. 대비의 값을 높이면 강렬한 느낌을 주고, 낮추면 부드러운 느낌이 나며 감성적인 분위기를 연출할 수 있습니다. 히스토그램에서 중간 톤 영역이 더 넓어지면 대비가 낮아집니다.
❸ 밝은 영역	히스토그램 그래프에서 두 번째로 밝은 부분의 명암을 조절합니다.
❹ 어두운 영역	히스토그램 그래프에서 두 번째로 어두운 부분의 명암을 조절합니다.
❺ 흰색 계열	가장 밝은 부분을 조절합니다.
❻ 검정 계열	가장 어두운 부분을 조절합니다.

3단계. 명암을 세밀하게 조절하는 방법 — 톤 곡선

톤 곡선(tone curve)은 사진의 어두운 영역, 중간 영역, 밝은 영역을 각각 조절할 수 있는 강력한 도구입니다. 이 기능은 굳이 사용하지 않아도 되지만 잘 활용하면 사진에 개성을 살릴 수 있습니다. 톤 곡선은 **[밝기]**를 탭한 후 위쪽에서 **[곡선]** 아이콘을 선택하면 사용할 수 있습니다.

 민썸의 사진 레시피 톤 곡선 기능에서 곡선의 명칭

1. **점 곡선**: 전체 밝기와 명암을 조절하는 가장 기본적인 톤 곡선 모드입니다.
   S자 형태의 곡선을 만들면 대비가 강해지고, 부드럽게 휘어진 곡선을 만들면 차분하고 안정적인 느낌을 줄 수 있어요.

2. **RGB 채널 곡선**: 사진의 색감을 세밀하게 조정할 때 사용하는 기능이에요.
   빨강(R), 초록(G), 파랑(B) 채널을 각각 조절해 특정 색상의 밝기와 어두움을 조절할 수 있습니다.

   예) 파랑 채널 값을 낮추면 → 화면에 따뜻한 기운이 돕니다.
   　　파랑 채널 값을 높이면 → 차가운 느낌이 강조됩니다.

1. 기본 톤 조절하기

곡선을 위로 올리면 밝아지고, 아래로 내리면 어두워집니다. 사진을 부드럽고 밝게 만들고 싶다면 점 곡선을 클릭한 채 드래그해서 살짝 올려 보세요.

강한 대비를 주고 싶다면 ❶오른쪽에 점 곡선을 생성해서 하이라이트를 올리고 ❷왼쪽에도 점 곡선을 생성해서 그림자를 내려 보세요. 하이라이트와 그림자 영역의 점 높이에 차이가 날수록 대비가 강해집니다.

▶ 점 곡선을 삭제하고 싶다면 점을 한 번 더 탭하면 됩니다.

▲ 하이라이트에 점 곡선 추가

▲ 그림자 영역에 점 곡선 추가

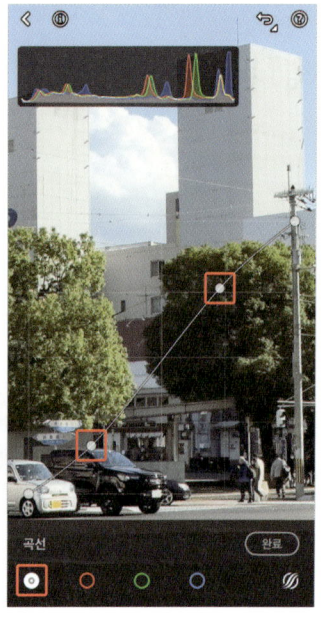

2. S 자 곡선 만들기

곡선을 세밀하게 조절하고 싶다면 'S 자 곡선' 모양으로 조절해 보세요. S의 모양이 크면 클수록 강한 대비와 왜곡이 생기고, 반대로 S의 모양이 완만하면 반대 현상이 나타납니다. 이 방법은 인물 사진을 더욱 입체적으로 만들거나 풍경 사진을 더욱 극적으로 보이게 할 때 유용합니다.

3. RGB 채널로 색상 조절

RGB 톤 곡선을 활용하면 특정 색상의 밝기만 조절할 수도 있습니다. **[파랑 채널]**을 조정해 그림자의 색감을 푸른빛으로 바꾸거나, **[빨강 채널]**을 조정해 따뜻한 느낌을 더해 보세요.

▲ 빨강 채널 곡선　　　　▲ 초록 채널 곡선　　　　▲ 파랑 채널 곡선

4단계. 색상으로 사진의 분위기 결정하기 — 색감 보정

[색상] 탭의 [색온도], [색조], [생동감], [채도] 메뉴를 활용하면 사진의 분위기를 결정할 수 있습니다.

▶ [색상] 탭을 선택하면 [등급], [색상 혼합] 메뉴도 있습니다. 이 부분은 5단계에서 설명하겠습니다.

[색상] 탭의 4가지 색감 보정 기능을 정리하면 다음과 같습니다.

기능	설명
❶ 색온도	사진의 전체 색감을 결정하는 요소로, 차가운 느낌(푸른빛) 또는 따뜻한 느낌(노란빛)으로 조절할 수 있습니다. • [색온도]를 높이면(슬라이더를 오른쪽으로 드래그) 따뜻한 느낌이 강해집니다. • [색온도]를 낮추면(슬라이더를 왼쪽으로 드래그) 차가운 느낌이 강조됩니다. 예) 노을 사진을 더욱 따뜻하게 만들고 싶다면 [색온도]를 올려 보세요.
❷ 색조	색의 균형을 맞추는 역할을 합니다. • 초록빛이 강하면 슬라이더를 마젠타(보라색) 방향으로 드래그합니다. • 보랏빛이 강하면 슬라이더를 초록색 방향으로 드래그합니다. 예) 피부가 너무 노랗게 나왔다면 슬라이더를 살짝 보라색 쪽으로 드래그하면 자연스럽게 보정됩니다.
❸ 생동감	색을 자연스럽게 강조합니다. 색의 강도를 균일하게 높이는 것이 아니라, 이미 채도가 높은 색은 덜 강조하고, 채도가 낮은 색은 더 강조합니다. 피부 톤을 보호하면서 전체 색감을 조절할 때 유용합니다. 예) 인물 사진에서 피부가 너무 붉어지는 것을 방지하고 싶다면 [생동감]을 올려 보세요.
❹ 채도	모든 색상의 강도를 균일하게 조절합니다. 전체 색상을 한꺼번에 강조하거나 약하게 만듭니다. [채도]를 높이면 사진이 원색에 가까운 강렬한 색감을 가지고, 낮추면 흑백에 가까워집니다. 예) 강렬한 풍경 사진을 만들고 싶다면 [채도]를 높이고, 빈티지한 느낌을 주고 싶다면 [채도]를 낮춰 보세요.

[색상] 탭의 4가지 기능을 잘 숙지했나요? 사실 원본이 꽤 괜찮다면 따로 보정하지 않고 이번 4단계만 잘 조절해도 멋진 사진을 만들 수가 있습니다. 사진의 분위기를 크게 변화시킬 수 있는 단계이다 보니 저도 이번 4단계 작업을 할 때 꽤 오랜 시간을 투자한답니다.

▲ 서로 다른 [색온도]와 [색조]의 값을 조합하여 만든 일본 거리 사진

일본의 길거리를 담은 사진을 예로 들어 볼게요. [색온도]와 [색조]의 값만 다르게 조절해도 분위기가 서로 다른 사진을 만들 수 있습니다.

같은 사진에서 [생동감]과 [채도]를 조절하면 오른쪽처럼 빈티지 필름 같은 느낌으로 보정할 수도 있습니다.

▲ [생동감]과 [채도]를 조절하여 '빈티지 필름'처럼 보정한 사진

5단계. 디테일한 색감 표현하기 — 색상 혼합, 등급

4단계까지 진행했는데 아쉬운 점이 보인다면, 그건 아마도 디테일한 색감 표현이 부족하기 때문일 겁니다. 예를 들어 하늘의 색이 조금 더 푸르게 표현되었으면 좋겠다든지, 초록색의 채도가 너무 진하다든지 등의 표현 때문이죠.
이러한 디테일한 보정은 [색상] 탭의 [색상 혼합]과 [등급]으로 보정할 수 있습니다.

1. 색상 혼합(HSL)

사진 속 **특정 색상만 선택**해서 [색조], [채도], [휘도]를 각각 조절합니다. 화면 아래쪽 8개의 색상 팔레트를 사용하여 색상을 지정해도 되지만, 가운데 [색상 선택 ⊕] 아이콘을 선택하고 사진 속에서 색상을 조절할 부분을 탭해 상하좌우로 움직이면 더욱 쉽게 조절할 수 있습니다.

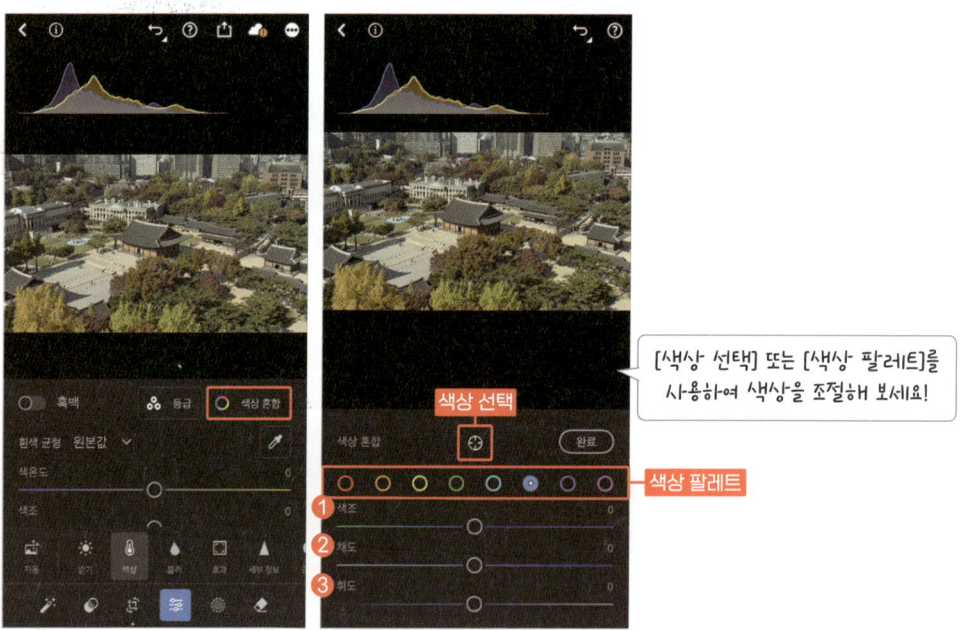

① 색조	② 채도	③ 휘도
색상의 종류를 바꿉니다. 예) 하늘을 더 푸르게 만들고 싶다면 파란 색조 슬라이더를 왼쪽으로 조절하세요.	특정 색상의 강도를 조절합니다. 예) 피사체가 너무 붉다면 주황색 계열의 채도를 낮추세요.	특정 색상의 밝기를 조절합니다. 예) 어두운 하늘을 밝게 만들고 싶다면 파랑 계열의 휘도를 높이세요.

2. 색상 등급

사진의 특정 영역에 **원하는 색을 추가**하는 기능입니다. 각 영역에 색을 부여할 수 있는 기능이라서 과하지만 않다면 사진작가가 원하는 분위기를 쉽게 만들어 낼 수 있습니다.

[색상] 탭에서 [등급]을 선택하면 4가지 항목, 곧 [**어두운 영역**], [**중간 영역**], [**밝은 영역**], [**전체**]의 원형 색상환이 나타납니다. 각각의 영역에서 손가락으로 특정 색상 쪽으로 드래그하면 해당하는 색이 영역에 추가됩니다.

기능	설명
① 어두운 영역	어두운 영역의 색상을 조정합니다.
② 중간 영역	사진의 중간 밝기 영역을 조정합니다.
③ 밝은 영역	밝은 부분의 색상을 조정합니다.
④ 전체	전체 색상을 조정합니다.

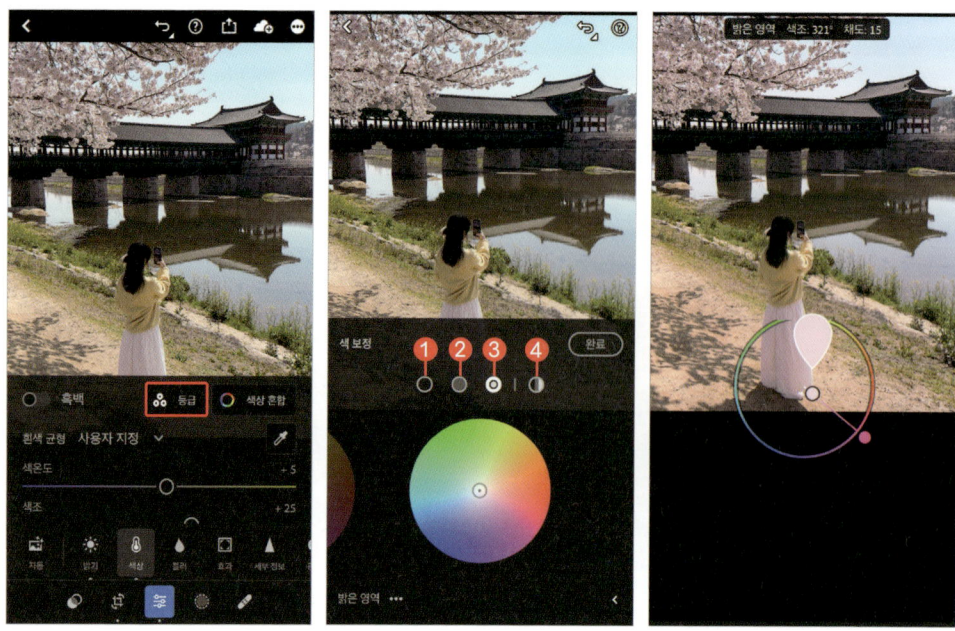

감성적인 색감을 원한다면 [밝은 영역]에 따뜻한 색을, [어두운 영역]에는 차가운 색을 적용해 보세요!

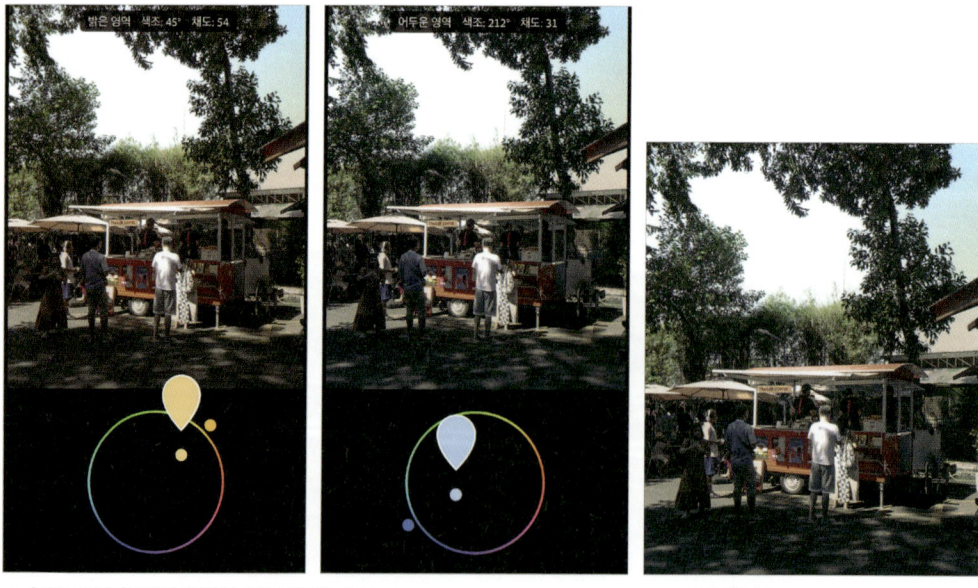

▲ [밝은 영역], [어두운 영역]에 색을 부여하는 모습 　　　　　▲ 보정한 결과물

색상 등급 아래쪽으로 스크롤을 내리면 **[색상 등급]**의 완성도를 높일 수 있는 보조 기능이 나타납니다.

▲ 색상환 아래쪽에 위치한 **보조 기능**

기능	설명
❶ 휘도(광도)	슬라이더를 조절하면 색상환의 밝기를 조절할 수 있습니다.
❷ 혼합	[어두운 영역], [중간 영역], [밝은 영역]에 삽입할 색상의 겹치는 양을 조절합니다. 만약 [어두운 영역]과 [중간 영역]에 각각 어떤 색을 색상환에서 선택했다면 [혼합]에서 어느 정도 색조를 겹치게 할 것인지 정할 수 있습니다. • [혼합]을 0으로 설정하면 각 영역의 색상이 뚜렷하게 구별되고 반대로 100으로 설정하면 각 영역 사이에 색상이 많이 겹칩니다. • 각 영역에 넣을 색조를 색상환에서 선택한 뒤 육안으로 보면서 [혼합] 슬라이더를 조금씩 드래그해서 조절하는 것이 포인트입니다.
❸ 균형	[어두운 영역], [중간 영역], [밝은 영역]을 정의하는 설정값의 범위를 변경할 수 있습니다. 예) [어두운 영역]에 파란 색조를 적용하고 이 색조가 [중간 영역], [밝은 영역]까지 확장되도록 하려면 [균형] 슬라이더를 왼쪽으로 드래그합니다. 예) [밝은 영역]에 노란 색조를 적용하고 이 색조가 [중간 영역], [어두운 영역]까지 확장되도록 하려면 균형 슬라이더를 오른쪽으로 드래그합니다.

6단계. 특정 영역 보정하기 — 마스크 기능

[마스크] 기능을 사용하면 사진의 **특정 영역만 보정**할 수 있습니다. 예를 들어 하늘 부분만 색감을 바꾸거나 인물의 얼굴을 밝게 만들 수 있습니다.

화면 아래쪽에서 **[마스크]** 탭을 누르면 마스크 종류가 나타납니다. 저는 특히 **[피사체 선택]**과 **[선형 그레이디언트]**를 많이 사용합니다.

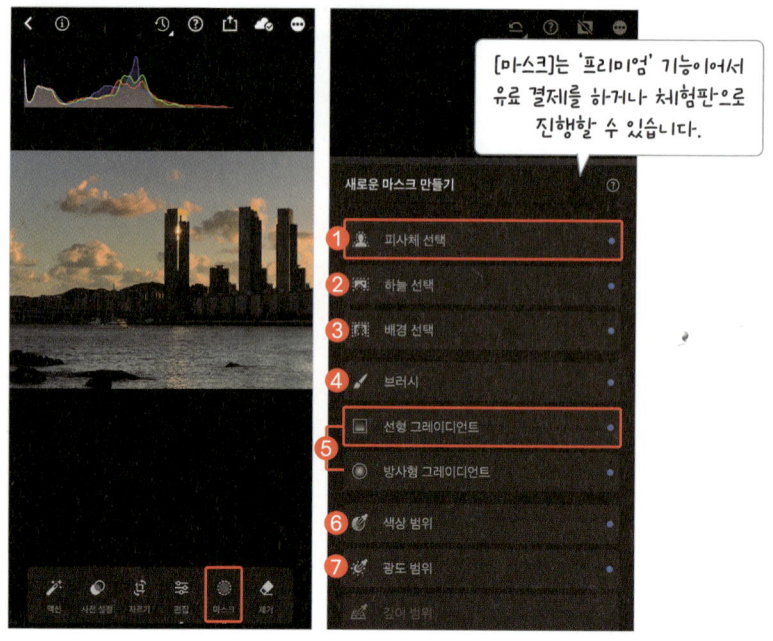

마스크의 종류 7가지는 다음과 같습니다.

종류	설명
❶ 피사체 선택	• 라이트룸이 사진 속 주요 피사체(사람, 동물, 사물 등)를 자동으로 감지하여 선택합니다. • 인물 사진에서 배경을 흐리게 하거나, 특정 대상만 밝게 보정할 때 유용합니다.
❷ 하늘 선택	• 사진 속 하늘을 자동으로 인식하여 선택합니다. • 하늘의 색상을 변경하거나 밝기를 조절할 때 유용합니다.
❸ 배경 선택	• 피사체가 아니라 배경 부분을 자동으로 선택합니다. • 배경을 어둡게 하거나 색을 변형하여 피사체를 강조할 때 사용할 수 있습니다.
❹ 브러시	• 특정 영역을 직접 터치해서 선택한 후 보정할 수 있습니다. • 섬세한 부분을 조정할 때 유용하며, 피사체를 더욱 돋보이게 할 수 있습니다.
❺ 그레이디언트	• **선형 그레이디언트**: 밝기, 색감 등을 점진적으로 표현할 때 사용합니다. 하늘이 너무 밝게 찍혀서 점차 어둡게 만들 때 유용합니다. • **원형 그레이디언트**: 특정 부분을 원형으로 강조하거나 부드럽게 만들 때 유용합니다. 인물 사진에서 얼굴 부분을 점차 밝아지도록 해서 강조할 때 자주 사용합니다.
❻ 색상 범위	• 특정 색상만 선택해서 보정할 수 있습니다. • 하늘의 색상만 골라서 더 파랗게 만들거나, 피부 색을 자연스럽게 조절할 때 유용합니다.
❼ 광도 범위	• 밝기에 따라 특정 영역을 선택할 수 있습니다. • 어두운 부분만 밝게 하거나, 밝은 부분만 조절하는 데 효과적입니다.

지금 해 봐요 } 인물과 배경을 분리해 보정하기

[피사체 선택] 마스크는 인물을 더욱 강조하거나 [반전]해서 배경을 쉽게 보정할 때 많이 사용합니다.

1. 라이트룸에서 사람이 있는 사진을 불러오고 [마스크 → 피사체 선택]을 탭합니다. 라이트룸이 피사체인 사람을 인식해 분리하고, 사람 부분만 빨간색 영역으로 선택된 상태가 됩니다.

2. ❶ [+] 아이콘 밑의 영역 🔲을 선택하고 ❷ ["마스크 2" 반전]을 선택하면 이번엔 ❸ 사람 외의 영역을 선택한 상태가 됩니다.

3. 이 상태에서 인물은 그대로 둔 채 배경을 보정하여 사람이 자연스럽게 돋보이도록 만들거나, 반대로 배경을 돋보이게 보정하기도 합니다.

효과를 점진적으로 적용하는 [그레이디언트]

[그레이디언트]는 **효과를 점진적으로 적용**하는 도구로 [선형 그레이디언트]와 [방사형 그레이디언트]로 나눕니다.

[선형 그레이디언트]는 효과를 선의 형태로 사진에 삽입할 수 있으며, 빨간색 영역이 진할수록 효과 강도도 강합니다.

  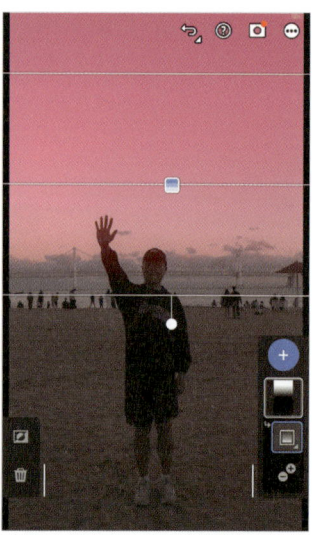

[방사형 그레이디언트]는 효과를 원의 형태로 사진에 삽입할 수 있습니다.

> **질문 있어요!** [선형 그레이디언트]와 [방사형 그레이디언트] 중에 어느 것을 더 자주 사용하나요?

저는 [방사형 그레이디언트]보다 [선형 그레이디언트]를 선호합니다. 주로 하늘을 조금 더 디테일하게 표현할 때 [선형 그레이디언트] 많이 사용하는데요. 앞서 배운 [색상 혼합], [색상 등급] 기능으로 하늘의 색을 변화시켜도 되지만 가끔 하늘이 여러 색으로 표현된 경우엔 [선형 그레이디언트]로 자연스럽게 보정해야 훨씬 좋습니다.

7단계. 사진의 질감 표현하기 — 효과

사진의 **질감**과 **분위기**를 더하는 단계, 바로 [효과]입니다. 이미지를 불러와 [효과] 탭의 기능을 하나씩 눌러 보며 모두 사용해 보세요. **[효과]** 탭의 기능을 +/-로 조절해 보면서 어떤 변화가 있는지 직접 눈으로 보면 훨씬 쉽게 이해할 수 있습니다.

> **민썸의 사진 레시피**
>
> 텍스처 +52 | 비네팅 -38 | 부분 대비 -10 | 그레인 +34
> 디헤이즈 +25

▲ [효과] 적용 전

▲ [효과] 적용 후

눈에 띄게 큰 차이가 보이는 건 사진 가장자리에 검정 그림자가 생겼다는 점과 사진 속 명암이 더욱 짙어졌다는 것 정도입니다. 그리고 조금 확대해서 보면 자글자글한 '노이즈'가 조금씩 보입니다.

이처럼 [효과] 탭의 기능은 크게 눈에 띄는 변화보다 사진의 질감과 분위기 변화를 보조하는 역할을 합니다.

기능	설명
❶ 텍스처	• 표면의 질감을 강조하거나 부드럽게 만들 때 사용합니다. • 인물 사진에서 텍스처를 낮추면 피부가 부드러워지고, 풍경 사진에서 텍스처를 높이면 나뭇결이나 바위의 질감이 강조됩니다.
❷ 부분 대비	• 사진의 디테일을 강조하는 기능으로, 대비를 높이는 효과를 줍니다. • 너무 높이면 사진이 거칠어 보일 수 있으므로 적절히 조절하는 것이 좋습니다.
❸ 디헤이즈	• 안개 효과를 줄이거나 추가하는 기능입니다. • 흐린 날 찍은 사진의 대비를 강화하고, 흐릿한 느낌을 제거할 때 유용합니다. • 반대로 값을 낮추면 몽환적인 분위기를 연출할 수 있습니다.
❹ 비네팅	• 사진의 가장자리를 어둡거나 밝게 만들어 피사체를 강조하는 효과를 줍니다. • 클래식한 필름 느낌을 낼 때 자주 사용합니다.
❺ 그레인	• 필름 카메라 느낌을 연출할 때 사용합니다. • 강도를 조절해서 아날로그 필름 같은 감성을 연출할 수 있습니다.

8단계. 최적의 출력으로 사진 저장하기

이제 마지막으로 사진을 소장용으로 저장하는 단계입니다. 단 3초 만에 간편하게 출력하는 방법부터 목적에 맞게 출력하는 심화 방법까지, 제가 알고 있는 사진 출력 방법을 모두 소개할게요.

1. 단 3초 만에 사진을 출력하는 방법

정말 간단하게 갤러리에 사진을 내보내는 방법이 있습니다. ❶화면 위쪽에서 [공유 📤] 버튼을 탭하고 ❷[장치에 사본 저장]을 선택하면 여러분의 사진이 즉시 갤러리로 출력됩니다. 단, 이 방법으로 하면 '라이트룸'의 기본 설정을 적용해 출력됩니다.

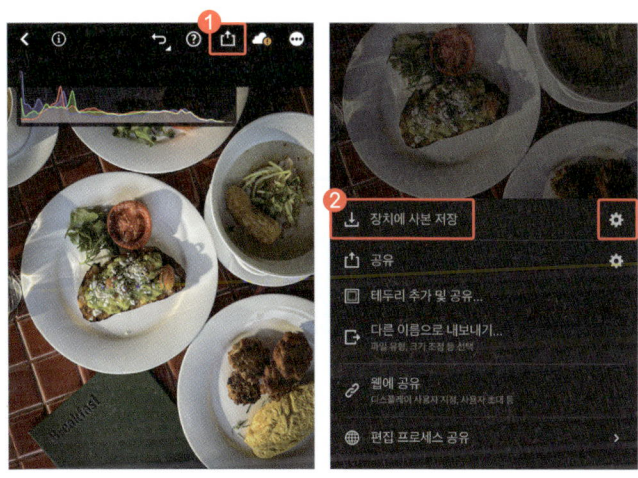

2. [내보내기 설정] 방법

나만의 출력 설정으로 저장하고 싶다면 [장치에 사본 저장] 메뉴 오른쪽에 있는 톱니바퀴 ⚙ 모양의 아이콘을 선택해 [내보내기 설정]을 조절합니다.

인스타그램과 같은 SNS에서 사용할 이미지에 최적화된 내보내기 설정은 어떤 걸까요? 제가 설정하고 있는 내용을 공유합니다. 인스타그램에 업로드할 때 최상의 화질을 유지하려면 다음 설정을 적용하세요.

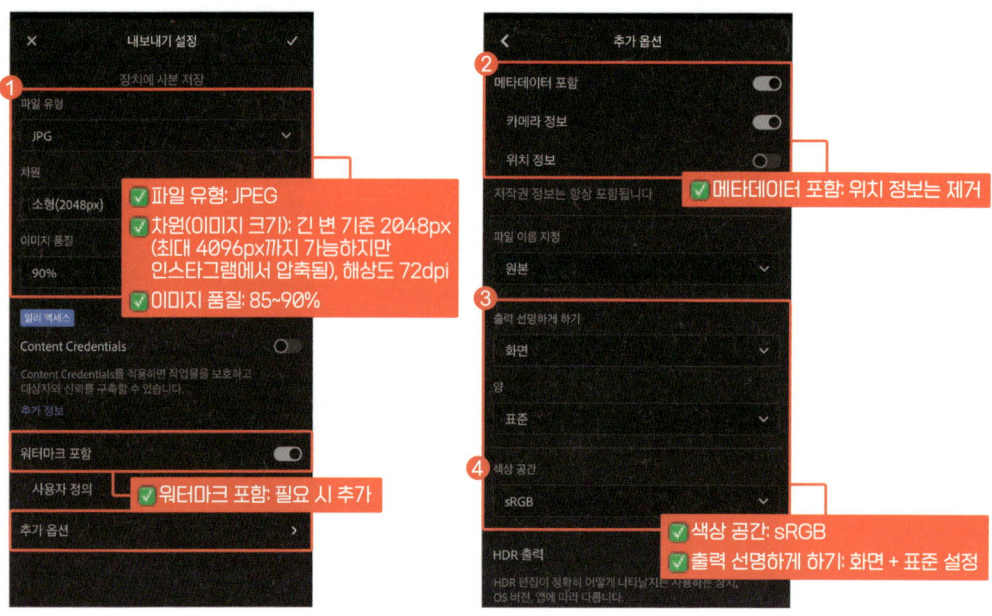

구분	설명
❶ 파일 유형	• JPEG: 웹과 SNS 공유에 적합(일반적으로 사용) • AVIF: 차세대 압축 이미지 형식으로, 고화질을 유지하면서도 파일 크기를 줄임(웹 최적화) • JXL(JPEG XL): JPEG보다 압축률이 높고 화질이 뛰어나며, HDR을 지원하는 새로운 이미지 형식 • PNG: 배경이 투명한 이미지가 필요할 때 유용한 형식 • TIFF: 고해상도 인쇄 및 편집용(용량 큼) • DNG: 원본 데이터를 보존하는 RAW 형식
❷ 메타데이터	• 메타데이터 포함: 촬영 정보, 저작권 정보 포함 • 카메라 정보: 카메라 및 렌즈 정보를 제거하여 개인 정보 보호 • 위치 정보: 촬영 위치 정보(GPS 데이터)를 삭제하여 보안 유지 ▶ SNS에 사진을 올릴 때 위치 정보 삭제를 추천합니다.
❸ 출력 선명하게 하기	• 화면: 웹 및 SNS 공유용으로 선명도 조정 • 매트 용지: 무광 인쇄 시 선명도 보정 • 광택 용지: 유광 인쇄 시 선명도 보정
❹ 색상 공간	• sRGB: 웹 및 SNS용(일반적으로 사용) • AdobeRGB: 고품질 인쇄 및 전문 작업용 • ProPhoto RGB: 색상 표현 범위가 가장 넓음. 전문가용 • Display P3: 애플 제품 및 최신 디스플레이에서 넓은 색 영역을 표현하는 데 최적화됨 (맥, 아이폰, 아이패드 등에서 활용)

지금 해 봐요 〉 나만의 표식, 워터마크 삽입하기

워터마크는 나만의 고유 표식을 의미합니다. 수많은 사진이 업로드되는 요즘, 내 사진을 지키기 위해 사진에 표식을 넣는 기능이죠.

1. 이미지 작업을 마친 후, ❶화면 위쪽에서 [공유 ⬆] 버튼을 누르고 [장치에 사본 저장] 옆에 있는 ❷톱니바퀴 ⚙ 아이콘을 탭하세요. ❸[워터마크 포함] 항목을 활성화하면 [사용자 정의]에서 워터마크를 삽입할 수 있습니다.

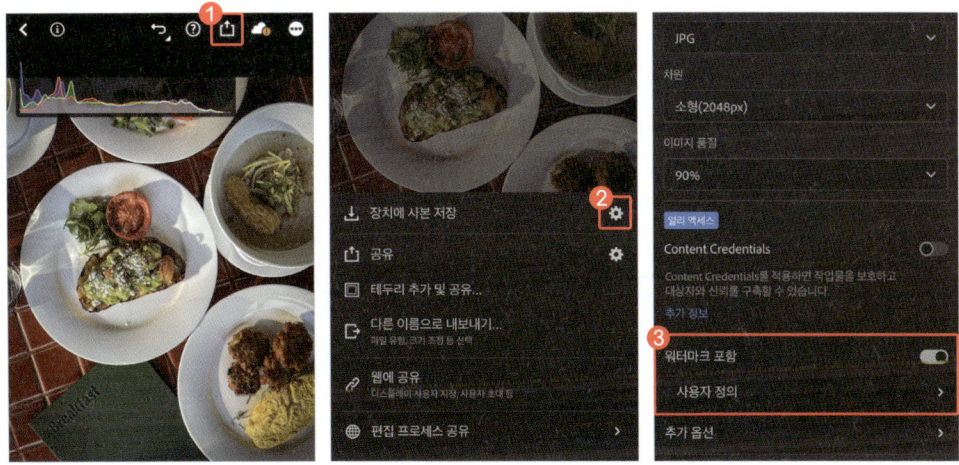

2. [텍스트] 또는 [그래픽]으로 워터마크를 넣을 수 있습니다. 여기에서는 ❶[그래픽]으로 워터마크를 넣는 방법을 알아보겠습니다. ❷[불러오기 🖼] 아이콘을 선택해 스마트폰 파일함에 저장해 놓은 로고 파일을 선택하고 크기와 불투명도, 오프셋 등을 조절한 후 적절한 위치에 삽입합니다.

▲ 실제로 사용 중인 저자의 워터마크

▲ 출력한 사진에 삽입한 워터마크 모습

3. 만약 로고를 준비하지 못했다면 [텍스트]를 선택해 라이트룸 내에서 간단한 텍스트 로고를 만들 수 있습니다. 텍스트 로고는 눈에 띄지 않도록 최대한 작게 만들고 배경을 투명하게 만드는 것이 좋습니다.

04-4

라이트룸이 쉬워지는 민썸의 특급 비밀 3가지

지금 해 봐요 } 나만의 사전 설정 '프리셋' 추가하기

'프리셋'은 나만의 멋진 **보정값을 저장하는 일종의 즐겨찾기** 기능입니다. 최적으로 보정한 수치를 간단히 파일로 만들어서 관리하면 다른 사진에 적용할 때 편합니다.

사진 내려받기

1. <04-4_sunset.jpg> 파일을 열고 ❶화면 오른쪽 위에서 [설정 ] 아이콘을 선택하고 ❷[사전 설정 만들기]를 탭합니다. ❸사전 설정 만들기 창에서 [사전 설정 이름]을 입력하고 [사전 설정 그룹]을 선택하거나 만듭니다. 바로 아래에서 ❹[선택]을 눌러 [수정됨]으로 바꿉니다.

2. 프리셋에 포함하지 않을 요소를 체크해야 합니다. ❶[도형]을 선택 해제하고 ❷[밝기]에 들어가서 [노출]과 [대비]를 해제합니다. ❸가장 아래쪽에 있는 [마스크]도 해제해 주세요. 모두 해제했으면 ❹화면 오른쪽 위에서 체크 ✓ 아이콘을 탭합니다.

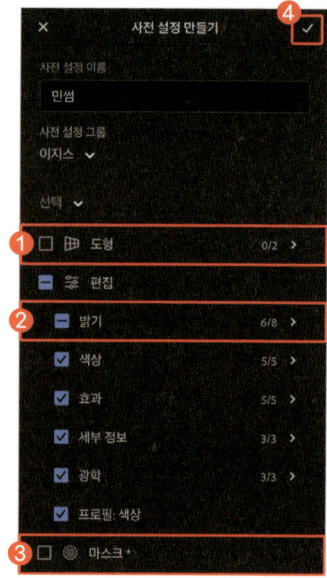

3. 프리셋을 다른 사진에 적용하는 방법은 간단합니다. ❶ 아래쪽 메뉴에서 [사전 설정]을 누르고 ❷[사용자 사전 설정]에서 저장한 프리셋(사전 설정)을 선택합니다.

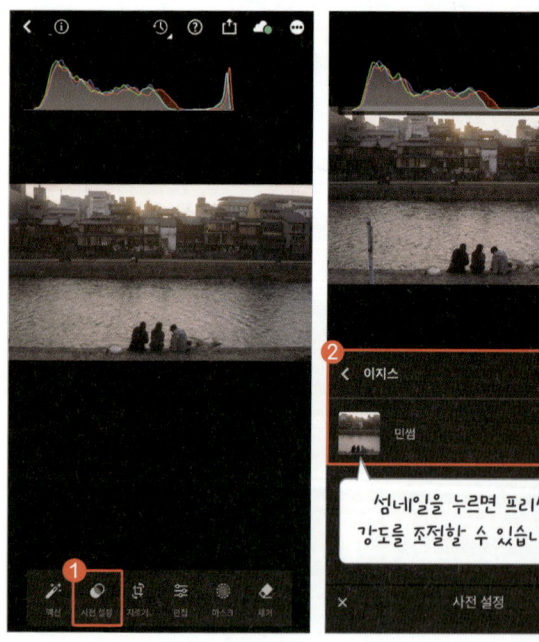

썸네일을 누르면 프리셋 강도를 조절할 수 있습니다.

지금 해 봐요 > AI 복구 툴 활용하기

라이트룸의 **[복구]** 기능을 활용하면 사진에서 **불필요한 개체**를 손쉽게 지울 수 있습니다.

> [복구] 기능은 유료 버전인 '프리미엄'에서만 사용할 수 있습니다.

1. [편집] 화면 아래쪽에서 ❶[복구]를 선택해 왼쪽에 [제거], [복구], [복제] 메뉴가 나타나면 개체를 지울 때 주로 사용하는 ❷[제거]를 선택합니다. ❸개체의 크기에 맞게 브러시 크기를 조절한 후 지우고 싶은 개체를 드래그해 칠합니다. ❹체크 아이콘을 탭해 적용합니다.

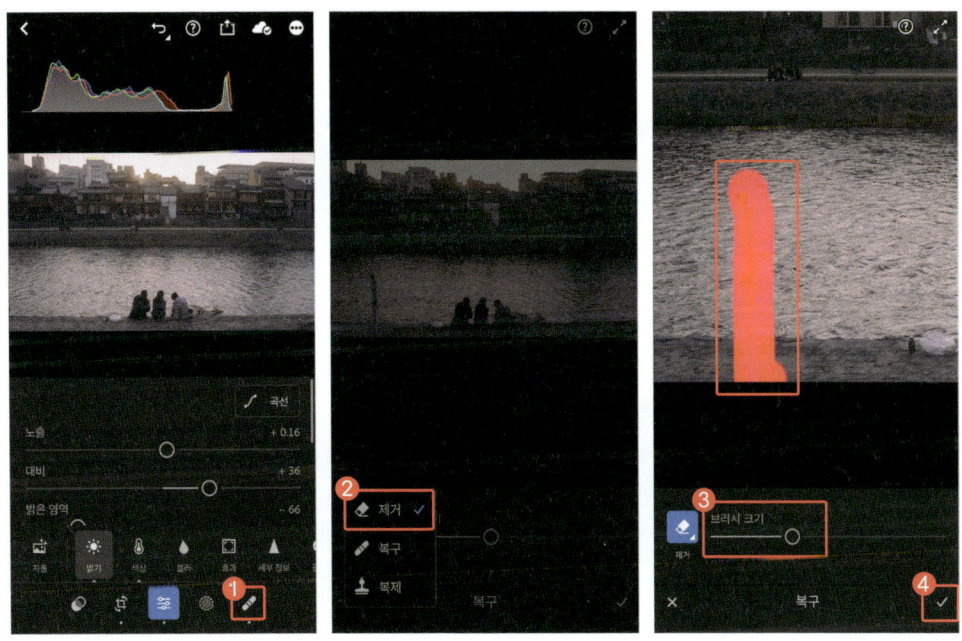

2. AI가 주변 배경을 인식해서 막대기를 자연스럽게 지웠습니다.

지금 해 봐요 〉 그레이디언트 적용하기

라이트룸의 꽃은 '효과'라고 할 만큼, 라이트룸에서는 정말 간편하게 효과를 적용할 수 있습니다. 음영처럼 효과를 점진적으로 적용하고 싶을 때 [그레이디언트] 기능을 사용합니다. 그레이디언트는 이름처럼 효과를 서서히 사라지게 해서 자연스러움을 추구하는 기능으로, 제가 정말 자주 사용합니다.

❶ [마스크 ⬤]를 선택한 뒤 ❷ ➕ 버튼을 눌러 [선형 그레이디언트]를 선택합니다. ❸ 사진의 위쪽에서 아래쪽 방향으로 [선형 그레이디언트]를 적용해 노을빛이 아래로 스며드는 것처럼 영역을 설정합니다. ❹ [노출], [색온도] 등을 조절하여 빛을 풍부하게 표현합니다.

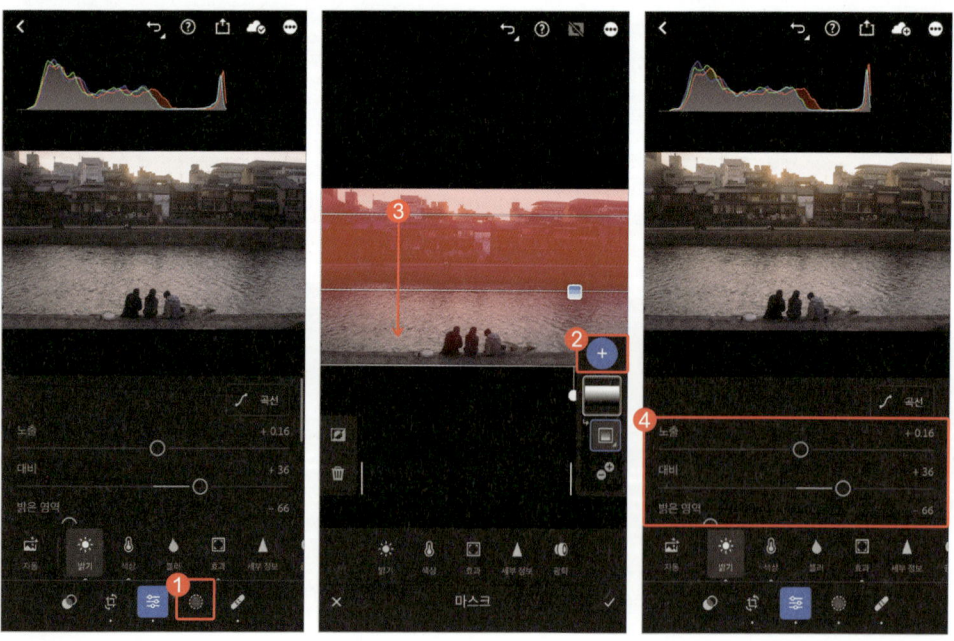

하나, 둘, 셋, 찰칵!

워터마크를 삽입한 나만의 사진 출력하기

라이트룸의 매력에 흠뻑 빠졌나요? 제가 설명한 내용을 차근차근 따라만 해도 사진이 예쁘게 변화하는 것을 충분히 체감했을 거예요. 다음 내용으로 넘어가기 전에 워터마크를 직접 만들어 보고 사진에 넣어 출력해 보세요.

▲ 저자의 로고 이미지

저처럼 로고 이미지를 만들어 사용할 수도 있지만 라이트룸에서 텍스트로 삽입해도 됩니다.

▲ 민썸 로고를 삽입한 사진

세 번째 이야기

돋보이는 감성 사진 촬영 & 보정 기법

지금까지 배운 내용은 어땠나요?
이미 아는 내용도 있고, 새롭게 알게 된 내용도 있을 것 같은데요.
지금부터는 여러 상황과 장소에 맞는 감성 사진 촬영 & 보정 기법을 알아보겠습니다.
실습을 시작하는 부분에 있는 QR코드를 스캔하면
사진을 스마트폰에 바로 저장할 수 있습니다.
실습을 따라 하며 보정 기법을 익히고 여러분의 사진에도 적용해 보세요.

05_ 평생 기억하고 싶은 인생 사진 [인물 편]

06_ 시선을 사로잡는 감성 사진 [풍경 편]

07_ '좋아요'를 부르는 상황별 일상 사진 [사물 편]

08_ 내 콘텐츠를 널리널리, 숏폼 영상 촬영법 [영상 편]

05

평생 기억하고 싶은 인생 사진 [인물 편]

05장에서는 평생 기억하고 싶은 순간을 담는 인물 인생 사진 촬영 & 보정 방법을 준비했습니다.
벚꽃부터 일상 속 카페, 여행의 순간까지 기록할 수 있는 인생 사진 인물 편!
지금부터 바로 시작합니다.

05-1 • 아날로그 분위기가 물씬 나는 벚꽃 인물 사진

05-2 • 화보 느낌 나는 카페 인물 사진

05-3 • 여행지의 분위기를 가득 담은 랜드마크 인물 사진

05-4 • 영화 속 한 장면을 만드는 커플 샷 촬영 기법

05-1
아날로그 분위기가 물씬 나는 벚꽃 인물 사진

보정 전

보정 후

 민썸의 사진 레시피

🎞 핵심 보정 순서: [자르기] → 기본 보정 [밝기, 색상] → 색감 보정 [색상 혼합, 등급]

잘 나올 수밖에 없는 '벚꽃 사진'의 조건

SNS에서 벚꽃이 예쁘게 피는 걸로 유명한 카페나 관광지 등을 다니며 제가 파악한 인생 벚꽃 사진의 촬영 조건을 소개할게요.

1. 빛이 가득한 장소에서 촬영하기

스마트폰으로 촬영하고 보정할 때 절대적으로 필요한 것이 바로 **빛**입니다. 디지털 사진은 빛으로 기록되어 디지털로 현상되기 때문에 빛은 사진의 퀄리티를 결정 짓는 아주 중요한 요소입니다. 같은 장소, 같은 대상을 찍어도 빛이 있을 때와 없을 때 사진의 분위기가 크게 차이가 납니다. 또한 사진을 확대했을 때 어두운 곳에서 찍은 사진은 노이즈도 많이 보입니다.

▲ 빛이 가득한 장소의 사진

▲ 빛이 부족한 장소의 사진

벚꽃 사진은 야외에서 찍으므로 자연광의 영향을 많이 받습니다. 해가 머리 위에 있어 얼굴에 그늘이 질 수 있는 정오보다 **오후 3시 즈음**이 가장 적당해요. 또한 오른쪽 사진처럼 그늘지는 벚꽃 바로 아래가 아니라 빛이 풍부한 곳으로 몇 발자국 앞으로 나와서 찍는 게 가장 좋습니다.

▲ 벚꽃 사진을 찍을 때 피사체의 위치

2. 벚꽃이 만개한 캠핑장의 풍경

벚꽃 사진에서는 벚꽃의 모양과 상태가 정말 중요해요. 활짝 핀 벚꽃 아래에서 촬영하고 보정까지 더해진다면, 평생 간직하고 싶은 인생 사진을 남길 수 있습니다. 오른쪽 사진은 3월 30일경, 벚꽃이 아름답게 피는 걸로 유명한 캠핑장에서 촬영했어요. 이곳은 경남 지역이라 개화 시기가 수도권보다 조금 빠른 편인데, 수도권은 보통 4월 초중순에 벚꽃이 만개하니까 지역별 차이를 꼭 고려해야 해요.

뉴스에서 발표하는 전국 개화 시기를 참고하는 것도 좋지만, SNS에 올라온 실시간 현장 사진을 함께 확인하면 훨씬 더 정확한 개화 상태를 알 수 있습니다.

▲ 벚꽃이 만개한 캠핑장의 풍경

3. 배경은 벚꽃으로 가득하게!

전국에서 벚꽃으로 유명한 곳이 몇 군데 있죠? 진해의 '여좌천'이 대표적인 명소인데요. 사진만 봐도 엄청난 벚꽃의 규모를 확인할 수 있습니다. 이 외에도 서울의 '석촌호수', 김천의 '연화지' 등 벚꽃 명소들의 공통적인 특징은 배경이 꽉 찰 만큼 벚꽃이 많다는 점입니다. 이때 벚꽃이 만발한 나무 한 그루 앞에서 인물 사진을 찍어도 좋지만, 화면 가득 벚꽃으로 채우는 것을 추천합니다.

▲ 진해의 '여좌천' 벚꽃 사진

지금 해 봐요 } 벚꽃 인물 사진 만들기

1. 구도 잡아 촬영하기

02-2절에서 스마트폰의 '격자' 기능을 활성화해 두었죠? 격자에 맞춰 수직·수평을 정렬해 보세요. 전체 구도의 1/3은 벚꽃으로 가득 채운 다음, 사진을 잘라 낼 여유 공간을 포함해 촬영합니다.

또는 아래 QR코드를 스캔해 사진을 내려받습니다.

▶ 다운로드가 되지 않는다면 54쪽을 참고하세요.

사진 내려받기

2. 라이트룸에서 사진 불러오기

라이트룸 모바일을 실행합니다. ❶화면 아래에서 [Lightroom] 탭을 선택하고 오른쪽에서 ❷[이미지 불러오기 📷]를 탭한 다음, ❸[다음에서 사진 추가 → 장치]를 선택하고 실습할 사진을 선택해 불러옵니다.

3. 이미지 자르기

❶[자르기 ✂]를 탭하여 사진 크기를 확인합니다. 인스타그램은 세로 사진에 최적화되어 있으므로 ❷[종횡비 🔲]에서 ❸[4×5]를 선택합니다. ❹✔를 탭해서 적용합니다.

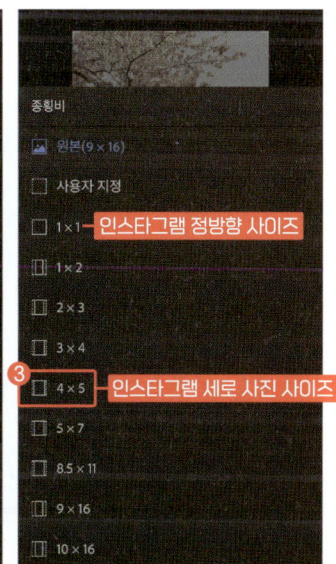

4. 밝기와 색상 보정하기

❶ [편집 → 밝기]를 탭합니다. 사진이 어두운 편이라면 조금 더 밝게, 사진이 너무 밝다면 살짝 어둡게 조절해서 우리 눈에 편하고 감상하기 좋게 보정합니다. ❷ [색상]을 선택해서 본격적으로 '색'을 입혀 줍니다. 항목별 수치에 따라 분위기를 다르게 만들 수 있습니다.

 민썸의 사진 레시피

[밝기] 노출 +0.55 | 대비 +55 | 밝은 영역 -45 | 어두운 영역 +5 | 흰색 계열 0 | 검정 계열 0
[색상] 색온도 +5 | 색조 +25 | 생동감 +25 | 채도 +5

질문 있어요! 색상 조절을 어떻게 해야 할지 모르겠어요!

[색상] 조절을 어떻게 해야 할지 막막하다면 다음 이미지를 참고해 주세요.

▲ 색온도: +5　　　　▲ 색온도: +30　　　　▲ 색조: +25　　　　▲ 색조: +50

+25 정도의 차이에도 사진의 분위기가 확 달라지는 게 보이나요? [색상] 탭의 기능은 사진의 분위기를 좌우하는 중요한 요소이므로 +1, +2의 작은 값도 크게 작용합니다.

▲ 생동감: +25　　　　▲ 생동감: +70　　　　▲ 채도: +30　　　　▲ 채도: +5

여러분은 어떤 분위기로 보정하고 싶나요? 정답은 없습니다! 여러분의 취향으로 사진을 편집하고 트렌드에 따라 조금씩 변화시켜 보세요.

5. [색상 혼합]으로 색감 세밀하게 조정하기

❶[색상 혼합]으로 사진의 색상을 아날로그 느낌이 나도록 보정해 보겠습니다. 8가지 기본 색상을 하나씩 선택해 가며 사진의 색상을 바꿔도 되지만, 여기서는 ❷[색상 선택 ⊕]으로 내가 원하는 색감을 좀 더 직관적으로 보정하겠습니다.

6. 하늘과 벚꽃 부분을 터치해서 색조와 채도를 수정해 보겠습니다. 벚꽃은 분홍색에 가깝게, 하늘은 파랗게 보정해서 의도했던 아날로그 벚꽃 사진의 느낌을 만들면 됩니다. 먼저 하늘 부분을 보정해 볼게요.

❶[색조] 메뉴를 선택하고 ❷하늘 부분을 탭한 후 왼쪽으로 스와이프해 색조를 조절합니다. 이어서 ❸[채도] 메뉴를 선택하고 ❷와 똑같은 방법으로 ❹하늘 부분을 탭하고 오른쪽으로 스와이프해 더 파랗게 보정합니다.

▲ [파랑] 색조를 낮추는 모습　　▲ [파랑] 채도를 높이는 모습

7. 같은 방법으로 벚꽃 부분도 더 분홍빛으로 보정합니다.

▲ [빨강] 색조를 낮추는 모습   ▲ [주황] 채도를 높이는 모습

8. 인물 색감 조절하기

이때 사진에서 선택한 색상 부분과 유사한 모든 색이 동시에 바뀌면서 사진 속 인물의 색도 다소 달라질 수 있습니다. 이런 경우 다시 인물을 확대해서 인물 색감만 조절해 줘야 합니다.

❶ [색상 선택 ⊕ → 채도]를 선택하고 ❷ 얼굴 부분의 채도를 [−]로 조절해서 누렇게 변한 얼굴색을 원래대로 돌려 놓습니다.

모두 마쳤다면 [완료]를 눌러 적용합니다.

9. 색상 등급 설정하기

❶[등급] 메뉴를 눌러 [밝은 영역]과 [어두운 영역]에 원하는 색을 입혀볼게요. ❷[밝은 영역]에 벚꽃 분위기와 잘 어울리는 ❸분홍색을 선택해 추가하면 따뜻한 느낌을 줄 수 있어요.

 민썸의 사진 레시피

[색상 등급 → 밝은 영역] 색조 321도 | 채도 15

10. ❶[어두운 영역]에는 분홍색의 보색인 ❷초록색을 살짝 넣어볼게요. 이렇게 보색을 추가하면 [밝은 영역]의 분홍색이 더 또렷하게 돋보입니다.

 민썸의 사진 레시피

[색상 등급 → 어두운 영역] 색조 129도 | 채도 7

11. 색 보정이 끝나면 화면 위쪽에서 [공유 → 장치에 사본 저장]을 눌러 저장합니다.

05-2

화보 느낌 나는 카페 인물 사진

보정 전

보정 후

 민썸의 사진 레시피

♦ 핵심 보정 순서: [자르기] → 기본 보정 [밝기(곡선), 색상] → 색감 보정 [색상 혼합, 색상 등급] → [마스크] → [효과]

사진이 잘 나오는 카페의 조건

우리나라는 카페 왕국이라고 불릴 정도로 정말 다양한 콘셉트의 카페가 존재합니다. 이번 절에서는 주변에 흔히 볼 수 있는 카페를 배경으로 화보 같은 사진을 찍고 보정하며 인생 사진을 만들어 보겠습니다.

1. 조명이 돋보이는 공간

인물 사진에서 가장 중요한 요소는 단연 **조명**이에요. 빛의 각도, 세기, 색온도에 따라 인물의 분위기와 사진의 느낌이 완전히 달라지거든요. 스마트폰으로 카페에서 촬영할 때는 모델의 위치를 꼭 조명 근처로 잡아 주세요.

오른쪽 사진처럼 공간이 작고 인공 조명에 많이 의존하는 곳이라면, 모델을 조명 아래에 세우고 창문에서 들어오는 자연광이 모델의 뒷배경이 되도록 해보세요. 이렇게 하면 빛이 부족한 환경에서도 인물이 훨씬 또렷하게 살아납니다.

▲ 조명이 약한 카페에서는 창가를 이용해서 촬영하세요.

2. 인테리어가 돋보이는 공간

모델의 나이, 분위기, 그리고 사진의 콘셉트에 따라 어울리는 카페를 골라 보세요. 카페 인테리어에 따라 사진의 분위기도 달라지고 주제도 더 분명하게 표현할 수 있어요. 다음 사진은 제가 자주 가는 브런치 카페의 한쪽 모습을 담은 거예요. 마치 동유럽의 재래시장을 떠올리게 하는 독특한 인테리어 덕분에 자연스럽게 핼러윈 콘셉트가 머릿속에 그려지더라고요. '여기서 마녀나 유령 분장하고 사진 찍으면 진짜 근사하겠다!' 싶었죠. 이렇게 공간의 분위기 하나만으로도 사진의 주제가 달라질 수 있다는 점, 꼭 기억해 주세요.

▲ 핼러윈 콘셉트가 어울리는 카페의 전경

3. 색감이 돋보이는 공간

한창 유행했던 컬러 프로필을 아시나요? 증명 사진 형식이 아니라 개인의 성향에 따라 배경 컬러를 달리해서 찍는 프로필 사진인데, 아마 어디선가 본 적 있을 거예요. 프로필 사진에서는 배경 색감에 따라 인물의 인상과 분위기가 달라지죠.

카페 공간에서도 마찬가지예요. 인물과 어울리는 색감의 카페 공간을 선택하면 인물 사진의 분위기를 한층 더 끌어올릴 수 있습니다. 예를 들어 오른쪽 사진처럼 베이지색이 돋보이는 공간은 상대적으로 웜 톤이 어울립니다. 이렇게 퍼스널 컬러까지 고려해서 장소를 고른다면 색감이 더욱 돋보이게 촬영할 수 있어요.

▲ 웜 톤 계열 색상의 카페 전경

4. 카페 사진의 치트키는 '자연광'

카페의 분위기를 최대한 살리고 싶다면 자연광이 돋보이는 **사광** 시간대를 노리세요. 사선으로 들어오는 빛이 공간을 입체적으로 만들어서 인물 사진을 비롯해 어떤 사진도 마법같이 담을 수 있습니다.

다만 장소에 따라 역광인 곳이 있는데요. 대표적으로 큰 창문이 특징인 오션 뷰 카페가 있습니다. 배경이 창문 너머에 있다 보니 인물이 그 앞에 있으면 얼굴이 어둡게 나옵니다. 이런 상황에서는 '조명'을 활용해서 인물을 밝혀 줘야 합니다.

> **사광**이란 피사체의 정면 45° 방향에서 들어오는 빛을 말합니다.

▲ 사진이 역광으로 찍히는 오션 뷰 카페 전경

질문 있어요! 카페가 역광이라면 인물을 어떻게 밝힐 수 있나요?

촬영용 조명이 있다면 쉽게 해결할 수 있지만 스마트폰에 조명을 연결하기는 쉽지 않습니다. 이럴 때 활용하면 좋은 2가지 팁을 소개할게요.

방법 1. 스마트폰 플래시 조명
'에이~ 그건 누구나 다 아는 건데?'라고 할 수도 있지만 끝까지 들어 보세요. 스마트폰 조명을 모델 얼굴을 향해 직접 비추지 않고 한번 반사해서 밝히는 거예요. 근처 벽이나 바닥, 천장을 향해 스마트폰 조명을 비추고 반사되어 나오는 빛이 인물을 향하도록 만들어 보세요. 스마트폰 조명의 빛은 촬영용이 아니므로 너무 날카롭고 은은하지 않을 수 있으니 '바운스' 방식을 써서 촬영에 적합하게 만드는 것입니다.

방법 2. 손거울 이용하기
거울로 주변의 조명을 끌어와서 모델의 얼굴을 밝히는 방법입니다. 다만 거울이 작을수록 빛이 날카로워질 수 있으니 이 방법은 정말 어두울 때만 사용하길 권장합니다.

지금 해 봐요 〉 카페 인물 사진 보정하기

1. 갤러리에서 사진 불러오기

라이트룸 모바일 앱을 실행하고 [장치] 탭이나 [Lightroom] 탭에서 사진을 선택해 불러옵니다.

> 최근에 찍은 사진이라면 [장치] 탭에서 사진을 불러오는 게 훨씬 간편합니다. 사진 폴더를 잘 정리해 두었다면 [장치] 탭에서 해당 폴더를 선택하는 방법으로 가져와 보세요.

사진 내려받기

2. 목적에 맞는 사진 자르기

실습 사진에는 외부에서 들어오는 빛, 오른쪽의 식물, 왼쪽의 큰 화분 등 다양한 물체가 있습니다. 하지만 인물 주변에 요소들이 많으면 다소 산만한 인상을 줄 수 있습니다. 그래서 [자르기]로 사진의 크기도 적절하게 만들고 불필요한 요소도 제거하는 게 좋습니다.

❶ [자르기] 메뉴를 선택하고 ❷ [사용자 지정 → 4×5] 종횡비를 선택합니다.

> '종횡비'는 '비율'로 이해해도 됩니다.

3. 02-1절에서 다뤘던 '1/3 법칙'을 활용해 인물을 그리드의 1/3 지점에 위치하도록 하고 창문 위쪽의 자연광도 함께 표현되도록 구도를 수정해 보겠습니다.
우리가 포착하지 못한 틀어짐이 있을 수 있으니 ❶ **[자동 도형]**과 ❷ **[수평맞춤]**을 활용합니다.

인물이 그리드의 1/3 지점에 위치하게 조절하세요.

4. 톤 곡선 활용하기

❶**[밝기]** 탭에서 ❷**[곡선]**을 누르고 사진의 각 영역에 ❸점을 찍어 전체 톤을 보정합니다. S자 곡선을 그리면 그만큼 대비가 증가되는 것을 확인할 수 있습니다. 외부에서 들어오는 빛을 조금 더 강조하기 위해 ❹**Blue 곡선**도 각 영역을 세밀하게 보정합니다.

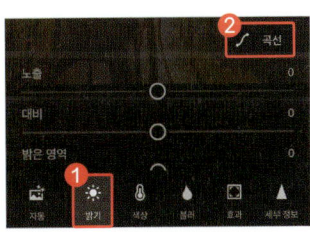
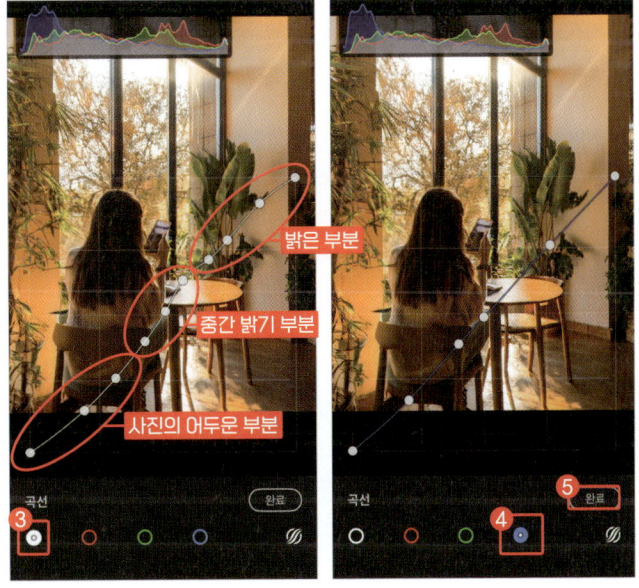

밝은 부분
중간 밝기 부분
사진의 어두운 부분

5. 색상 보정 ① — 색온도, 색조, 생동감, 채도

색상 보정을 진행할 때는 서로 상쇄하는 방향으로 하는 것이 좋습니다. 예를 들어 **[색온도]**가 너무 많이 보정된 경우엔 **[색조]**를 다른 색상으로 조절하여 색온도를 자연스럽게 만들어 나가는 식입니다. **[생동감]**과 **[채도]**도 마찬가지입니다. 이번 과정에서는 자연광을 과하지 않게 표현하는 방향으로 4가지 요소를 조절합니다.

 민썸의 사진 레시피

[색상] 색온도 +10 | 색조 -5 | 생동감 +10 | 채도 -15

⌃ 색상 보정 전

⌃ 색상 보정 후

6. 색상 보정 ② — 색상 혼합, 색상 등급

❶[색상 혼합]에서는 메인이 되는 색상 한두 가지만 조절하는 것이 좋습니다. 색상을 5개 이상 조절하면 사진에서 인위적인 느낌이 날 수 있어요.

이번 사진에서는 ❷자연광 색상과 ❸식물 색상인 [초록색]을 조절해 보겠습니다. [색조]는 그대로 두고 [채도]와 [휘도]만 조절해서 분위기를 변화시켜 봅니다.

▲ 자연광 색상인 [주황]과 [노랑] 색상 보정　　　　▲ 식물 색상인 [초록] 색상 보정

7. 빛을 표현하는 마스크 기능

실내의 자연광을 더욱 드라마틱하게 표현해 보겠습니다. 빛을 조금 더 풍부하게 표현하면 영화의 한 장면을 연출할 수 있을 거예요. ❶[마스크] 탭을 누르고 ❷🔵버튼을 눌러 원 형태의 ❸[방사형 그레이디언트]를 선택합니다.

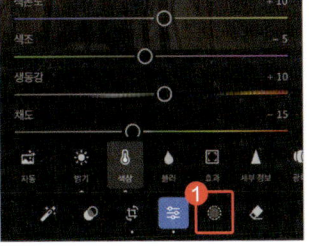

 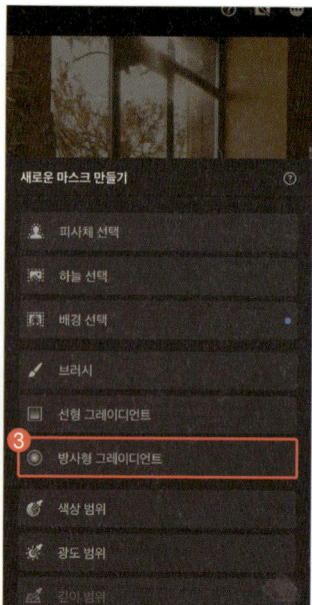 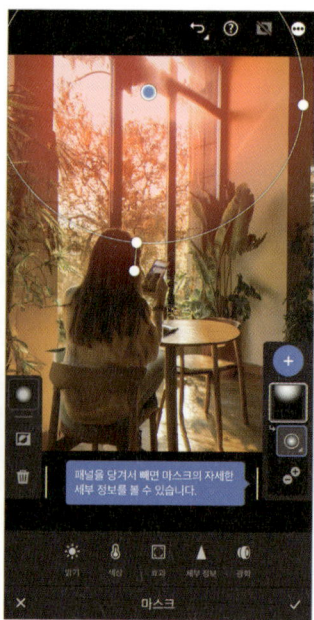

8. ❶태양이 있는 위치를 스와이프해 마스크를 생성합니다. 카페 내부 바닥까지 빛이 표현되므로 마스크의 모양도 길쭉하고 크게 생성합니다.

마스크의 모양과 [페더]를 정했으면 ❷**[밝기]** 탭을 눌러 보정을 진행합니다. 카페 내부로 들어오는 빛을 더욱 풍부하고 감성적이게 표현하는 방향으로 보정합니다.

▶ 왼쪽에서 마스크 [페더]를 조절하면 효과의 경계도 조절할 수 있습니다.

민썸의 사진 레시피

[밝기] 노출 +0.5 | 대비 -15 | 밝은 영역 +11 | 어두운 영역 +10 | 흰색 계열 +4

9. ❶[색상] 탭에서는 실내의 색상을 상쇄하기 위해 ❷[색조]를 초록 색감으로 조금 조절합니다.

❸[효과] 탭의 ❹[부분 대비]를 -로 조절하면서 감성적인 분위기를 냅니다. [디헤이즈]도 마찬가지로 -로 조절하여 실내에 빛이 더욱 퍼지도록 효과를 적용합니다.

효과를 모두 적용했으면 ❺ 를 탭합니다.

> 조금은 강렬했던 빛이 [부분 대비]로 조절해서 마치 필터를 낀 것처럼 빛이 흩어지는 효과가 납니다.

민썸의 사진 레시피

[색상] 색조 -10   [효과] 부분 대비 -15 | 디헤이즈 -10

10. 영화 같은 '효과' 적용하기

마지막으로 '그레인'을 적용하여 영화 속 한 장면 같은 질감 효과를 더할 수 있습니다. [효과] 탭의 [그레인]의 수치를 조절합니다. 저는 [그레인]을 보통 +30 정도로 사용합니다. 수치를 조절할 때 사진을 확대하여 관찰하면서 하면 좋습니다.

05-3

여행지의 분위기를 가득 담은 랜드마크 인물 사진

보정 전

보정 후

> 민썸의 사진 레시피
>
> 핵심 보정 순서: [자르기] → 기본 보정 [밝기(곡선), 색상] → 색감 보정 [색상 혼합] → [효과]

여행지에서 돋보이는 사진 촬영 방법

여행에서 빼놓을 수 없는 것이 바로 '인증 샷'입니다. 여기서 소개하는 내용을 숙지하고 다가올 여행에서 금손 사진 실력을 마음껏 뽐내 보세요.

1. 랜드마크가 꽉 차 보이는 '망원' 화각

스마트폰의 화각에 따라 랜드마크를 더욱 돋보이게 촬영할 수 있습니다. 일반 표준 화각(×1.0)에서 망원 화각(×2.0 이상)으로 변경하고 촬영자는 모델로부터 뒤로 몇 걸음 더 물러나 주세요. 이렇게 하면 인물의 왜곡은 줄어들고 배경은 확대되는 마법 같은 사진을 얻을 수 있습니다.

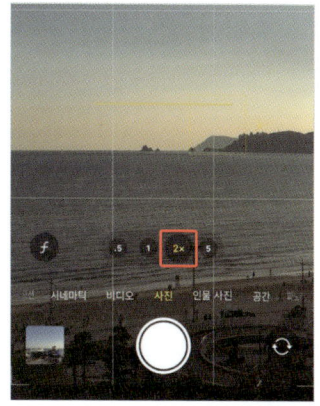

▲ 일반 표준 화각으로 찍은 사진

▲ 망원 화각을 활용한 사진

2. 여행지의 색감을 고려한 의상 선택하기

같은 여행지라도 모델이 입은 의상에 따라 사진 분위기가 확연히 달라집니다. 예를 들어 초원이 펼쳐진 '몽골'에서는 빨강·파랑 등 쨍한 원색이 어울리고, 도심의 시티팝 느낌이 가득한 일본 '도쿄'에서는 검정·노랑·파랑 등 프린팅이 강렬한 옷이 어울립니다. 이렇게 사진의 배경인 여행지의 색감과 어우러지거나 완전 대비되는 색상의 의상을 입고 촬영해 보세요. 배경에 어울리는 최적의 인물 사진을 얻을 수 있을 거예요.

▲ 단풍 색과 어울리는 톤으로 의상을 입은 모델의 모습

3. 무언가 허전할 땐 소품 활용하기

저는 여행할 때 폴라로이드 카메라를 챙겨 가는 편이에요. 모델의 손에 소품으로 폴라로이드 카메라를 쥐는 순간 느낌이 완전히 다른 사진이 연출되거든요. 이때 꼭 카메라가 아니어도 괜찮아요. 사탕, 핫도그, 커피 등 순간의 분위기를 뒤바꿀 아이템이라면 무엇이든 좋습니다.

질문 있어요! 소품과 함께 인물 사진을 촬영할 때 주의 사항이 있나요?

예시 이미지처럼 소품을 얼굴에 너무 가깝게 둔다면 스마트폰 카메라의 초점이 얼굴을 제대로 인식하지 못할 수 있어요. 이런 경우에는 스마트폰 화면에서 얼굴을 꼭 한 번 탭하고 촬영해 주세요. 스마트폰 카메라가 다시 한번 얼굴을 인식할 수 있도록 말이죠.

지금 해 봐요 › 랜드마크가 돋보이는 인물 사진 보정하기

1. 라이트룸에서 사진을 불러온 후 ❶[자르기]를 눌러 종횡비를 ❷[4×5]로 설정합니다. 인물과 랜드마크가 잘 보이도록 확대/축소하고 원하는 크기로 잘라 냅니다. ❸를 탭해 적용하세요.

사진 내려받기

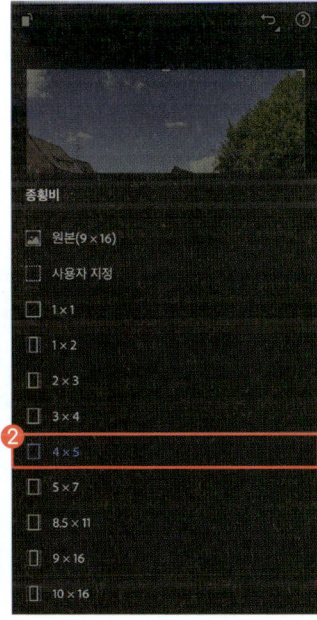

▲ 인물 사진은 02-1절에서 배운 1/3 법칙, 정가운데 법칙 등을 적용해도 좋아요!

2. 밝기와 색상 보정하기

[밝기]와 [색상] 탭을 눌러 다음과 같이 여러 항목의 값을 조절합니다.

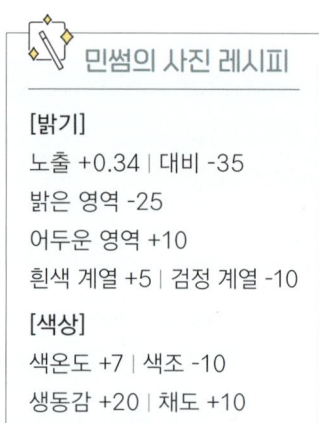

민썸의 사진 레시피

[밝기]
노출 +0.34 | 대비 -35
밝은 영역 -25
어두운 영역 +10
흰색 계열 +5 | 검정 계열 -10

[색상]
색온도 +7 | 색조 -10
생동감 +20 | 채도 +10

3. 톤 곡선을 활용해 전체 톤 조절하기

❶[밝기] 탭에서 ❷[곡선]을 선택해 톤을 조절하겠습니다. ❸하늘색 톤에 해당하는 그래프 오른쪽 윗부분에 점을 찍고 하늘의 색감이 돋보이게 그래프를 조절해 보세요. ❹옷 색상과 다리 난간의 어두운 부분도 더욱 어둡게 만들기 위해 그래프의 왼쪽 아래에 점을 찍고 더 아래쪽으로 그래프를 조절합니다.

전체 분위기를 간단히 조절할 수 있어요!

4. [색상 혼합]을 활용해 포인트 색상 조절하기

❶[색상] 탭의 ❷[색상 혼합]에서 하늘에 해당하는 ❸[파란색]을 조절해 보겠습니다. ❹[색조]를 활용해 파란색을 조금 더 밝게 만들고 [채도]를 진하게 조절합니다.

5. 사진 속 구름을 더욱 뚜렷하게 만들기

[효과 → 디헤이즈]를 [+]로 조절하면 사진에서 뿌연 느낌을 제거할 수 있어요. 여기에서는 디헤이즈를 +50으로 조절해서 하늘을 청명하게 만들어 보았습니다.

05-4

영화 속 한 장면을 만드는 커플 샷 촬영 기법

독사진만큼이나 정말 많이 찍는 게 커플 사진과 우정 사진이죠. 웨딩 스냅 사진을 촬영한 경험을 살려 친구 또는 연인과 함께 인생 사진을 건지는 다양한 팁을 알려 드리겠습니다.

▶ 셀프 사진을 촬영한다면 삼각대를 꼭 준비해 주세요.

촬영 시간대는 일몰 1시간 전을 추천합니다!

커플 스냅 사진을 의뢰받으면 가장 먼저 고민하는 건 바로 **촬영 시간대**예요. 저는 여름을 기준으로 오전 10시부터 12시, 오후 2시부터 4시, 그리고 일몰 무렵인 6시부터 8시까지 세 가지 시간대로 나눠서 촬영합니다. 이렇게 나누는 이유는 시간대에 따라 빛의 분위기와 연출 느낌이 전혀 달라지기 때문이에요.

그중에서도 가장 추천하고 싶은 시간대는 **일몰 1시간 전**입니다. 이때 얼굴에 닿는 빛의 색감과 부드러운 그림자, 전체적인 분위기가 마치 영화 속 한 장면처럼 감성적으로 표현되거든요.

만약 하루에 콘셉트를 두 가지로 나눠 찍고 싶다면, 1부는 오후 2시부터 4시, 2부는 일몰 무렵 6시부터 8시 사이에 진행해 보세요. 의상과 분위기를 바꿔 연출하면 같은 날 촬영하더라도 완전히 다른 느낌의 결과물을 얻을 수 있습니다.

▶ 계절마다 해가 떠 있는 시간이 달라지니 꼭 미리 확인하고 진행하세요.

커플 사진에 어울리는 프레이밍은 '풀 샷'과 '니 샷'

프레이밍(framing)은 사진을 찍을 때 피사체를 카메라 화면 안에 배치하는 것을 말합니다. 인물 전체가 나온다면 '풀 샷(full shot)', 무릎까지만 나오게 촬영한다면 '니 샷(knee shot)'이 되죠. 커플 사진 촬영을 앞두고 있다면 **전체 → 부분**으로 조금씩 확대하며 촬영해 보세요.

프레이밍이 아직 미숙하다면 풀 샷으로 촬영한 후 [자르기] 도구로 필요한 부분을 확대해 잘라서 사용하세요. 사진을 확대하면 화질이 떨어질 수 있는데 단순히 SNS 공유용으로 사용한다면 크게 문제되지 않습니다.

보정할 때 잘라 낼 수 있도록 아래쪽을 여유 있게 촬영하세요!

▲ 풀 샷 사진을 일부 확대하여 보정한 사진

* 위 이미지는 보정한 사진을 생성형 AI로 애니메이션화한 것입니다.

아웃 포커스 활용하기

색다른 사진을 찍고 싶다면 아웃 포커스(out focus)를 활용해 보세요. 아웃 포커스란 우리말로 **배경 흐림 효과**라고 하는데, 초점이 맞은 곳 외에 나머지 부분을 흐릿하게 표현하는 기법을 말합니다. 구도와 분위기 등 사진에 촬영자의 의도를 더하면 더욱 멋있는 영화 같은 효과를 낼 수 있습니다. 기본 카메라로 촬영할 때 화면에서 인물을 터치해서 초점을 맞추면 배경이 자동으로 아웃 포커스됩니다. 스마트폰 카메라의 [인물 사진] 모드를 활용하면 더욱 극적으로 만들 수 있습니다.

질문 있어요! 아웃 포커스가 잘 안 잡혀요!

스마트폰 카메라 화면을 터치했는데 아웃 포커스가 잘 안 된다고요? 다음 조건에 맞게 환경을 설정하고 다시 한번 촬영해 보세요.

1. 피사체 - 카메라는 가까이에, 피사체 - 배경은 더욱 멀리 배치하기

아웃 포커스를 극대화하려면 촬영자는 의도적으로 피사체와 가까이하고, 배경은 멀리해서 촬영하는 것이 좋습니다.

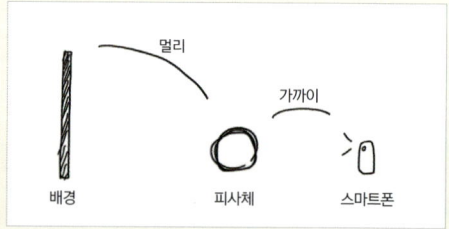

다음 두 사진을 비교해 봅시다. 왼쪽 사진은 카메라와 피사체가 가까이 위치하고 배경을 멀리해서 아웃 포커스가 잘 됐습니다. 반대로 오른쪽 사진은 카메라와 피사체 사이가 먼 데다 배경도 멀어 아웃 포커스가 약합니다. 즉, 아웃 포커스 효과를 극대화하려면 배경을 멀리 두고 카메라를 피사체와 가까이 위치한 채로 사진을 찍어야 합니다.

▲ 아웃 포커스가 잘 이루어진 경우   ▲ 아웃 포커스가 약한 경우

2. 조리개 수치 조절하기

조리개의 값은 아웃 포커스 정도에 영향을 줍니다. 아웃 포커스는 조리개 수치(f)를 내렸을 때 강해지고 올렸을 때 약해집니다. [인물 사진] 모드에서 화면 오른쪽 위의 ⓕ를 탭하면 조리개 수치를 조절할 수 있습니다.

만약 촬영하기 전에 조리개 수치를 미리 설정하지 못했다면 갤러리에서 [편집 → 인물 사진]을 눌러 조절할 수 있습니다. 저는 자연스러운 아웃 포커스 효과를 낼 때 조리개 수치를 보통 [f 5.6-7.1] 정도로 설정합니다.

[인물 사진] 모드를 제대로 활성화해서 찍은 사진에서만 조리개 수치를 조절할 수 있습니다.

▲ [인물 사진]으로 촬영한 사진의 조리개 수치를 최대(f1.4)로 설정해 아웃 포커스 효과를 준 모습

06

시선을 사로잡는 감성 사진 [풍경 편]

풍경 사진은 제가 주로 다루고 또 좋아하는 주제입니다.
작품 대부분이 풍경 중심의 감성 사진이기도 해요.
이번 06장은 특히 제가 소장한 자료가 쏟아져 나오니 기대하셔도 좋습니다.
제가 미리 준비한 실습 사진으로 보정 방법을 익힌 다음,
여러분이 직접 찍은 사진에 적용해서 잊을 수 없는 순간을 멋지게 남겨 보세요.

06-1 • 지브리 감성이 가득한 일상 풍경 사진

06-2 • 반짝이는 윤슬을 남은 바다 사진

06-3 • 청량한 분위기가 나는 하늘 사진

06-4 • 단풍으로 물든 가을 풍경 사진

06-5 • 조명이 돋보이는 야경 사진

06-6 • 시간을 저장하는 타임랩스 촬영법

06-1

지브리 감성이 가득한 일상 풍경 사진

보정 전

보정 후

> **민썸의 사진 레시피**
>
> 핵심 보정 순서: [자르기] → 기본 보정 [밝기, 색상] → 색감 보정 [색상 혼합, 등급] → [효과]

지브리 색감의 특징

애니메이션의 대명사, '지브리(Ghibli)'를 아시나요? 지브리 특유의 색감과 분위기 때문에 청량감 넘치고 동화 같은 순간, 드라마틱한 풍경 등 감탄이 절로 나오는 광경을 보면 우리는 '지브리 영화 같다'라고 표현합니다. 저 역시 맑고 예쁜 풍경을 보정하다 보면 꼭 지브리 영화와 유사한 색감으로 완성하게 되더군요. 아마도 제가 가장 좋아하는 색감과 닮아서 그런 것 같아요.

'지브리' 애니메이션 색감을 내려면 먼저 색감의 특징을 이해해야 합니다. 간단하게 살펴보면, 오른쪽 화면에서 많이 보이는 포인트 색상인 '초록'은 우리가 흔히 생각하는 초록과 조금 다릅니다. 채도가 다소 낮고 청록에 가까워요. 그리고 하늘을 표현하는 '파랑' 역시 일반적인 파랑과 색조가 약간 다릅니다.

▲ 지브리 애니메이션 화면

지브리 색감의 특성을 정리하면 다음과 같습니다.

톤	설명
하늘	채도 낮은 청록색+하늘색. 물감으로 칠한 듯한 투명한 블루
초록	회색빛이 살짝 섞인 올리브 그린, 너무 쨍하지 않음
노랑/주황	따뜻한 톤으로, 고채도보다는 '빛바랜 햇살' 같은 느낌
그림자	푸르지 않음. 오히려 중성~따뜻한 회갈색이 섞임

바로 실습해 보며 색감을 구현해 보겠습니다.

지금 해 봐요 〉 지브리 애니메이션 속 황룡원 만들기

1. 라이트룸에서 사진을 불러온 후 ❶[**자르기**]를 누르고 ❷[**4×5**] 비율을 선택합니다. ❸[**수평맞춤**]도 선택하여 틀어짐을 교정합니다.

사진 내려받기

▶ 라이트룸 AI가 잘못 분석하여 과도하게 틀어진 것을 보정한다면 화면 위쪽의 [재설정] 버튼으로 원상 복구한 후, 사진 아래에 있는 슬라이더를 움직여 수동으로 조절합니다.

2. ❶[밝기] 탭과 ❷[색상] 탭에서 기본 보정을 진행합니다.

민썸의 사진 레시피

[밝기]
노출 +0.42 | 대비 -25
밝은 영역 -70
어두운 영역 +90
흰색 계열 +30
검정 계열 +90

[색상]
색온도 -10 | 색조 -14
생동감 +75 | 채도 +10

3. 색감 보정하기

지브리 색감을 표현하기 위해 **[색상 혼합]**을 누르고 [색조], [채도], [휘도]를 조절합니다.

▲ [노랑] 색상 혼합 조절   ▲ [초록] 색상 혼합 조절   ▲ [파랑] 색상 혼합 조절

민썸의 사진 레시피

색상 혼합   [노랑] 색조 -42 | 채도 +48 | 휘도 0   [초록] 색조 +13 | 채도 -35 | 휘도 +7
            [파랑] 색조 -7 | 채도 +24 | 휘도 -11

4. ❶[색상 등급]을 조절해서 색감을 보정합니다. [밝은 영역]에 해당하는 영역이 많으므로 ❷[밝은 영역]만 보정합니다.

▶ 화면을 아래쪽으로 스크롤해 내리면 [휘도], [혼합], [균형]을 조절할 수 있습니다.

민썸의 사진 레시피

[색상 등급 → 밝은 영역]
색조 +41 | 채도 +53
휘도 0 | 혼합 +73 | 균형 0

5. 안개 효과 적용하기

마지막으로 [효과] 탭에서 [디헤이즈]를 조절합니다. 지브리 느낌을 내기 위해 디헤이즈를 [-]로 조절하여 의도적으로 안개 효과를 적용합니다.

06-2

반짝이는 윤슬을 담은 바다 사진

 민썸의 사진 레시피

❊ 핵심 보정 순서: [자르기] → 기본 보정 [밝기, 색상] → 색감 보정 [색상 혼합] → [효과]

바다를 돋보이게 만드는 핵심 포인트, 윤슬

시원한 바다를 더욱 돋보이게 만드는 포인트는 바로 '윤슬'입니다. 윤슬은 강렬한 태양 빛이 해수면에 반사되어 생기는 현상인데요. 윤슬은 특유의 빛 덕분에 굳이 보정하지 않아도 무척 예쁘지만, 민썸표 색감을 대입하면 더욱 아름답게 표현할 수 있습니다. 제가 적용하는 윤슬 보정법을 알려 드릴게요.

▲ 윤슬이 반짝이는 이탈리아의 포지타노 해변 풍경

지금 해 봐요 〉 집에 걸어 놓고 싶은 윤슬 사진 보정하기

윤슬 사진을 집에 걸어 놔도 좋을 '포스터' 재질로 보정해 보겠습니다. QR코드를 스캔해서 실습 사진을 내려받고 라이트룸에서 불러옵니다.

사진 내려받기

1. ❶[자르기]를 선택하여 ❷[9×16] 비율로 일정 부분만 잘라 냅니다. 이때 원본 사진에 보이는 돌이 포함되지 않도록 합니다. ❸✔를 탭해 적용합니다.

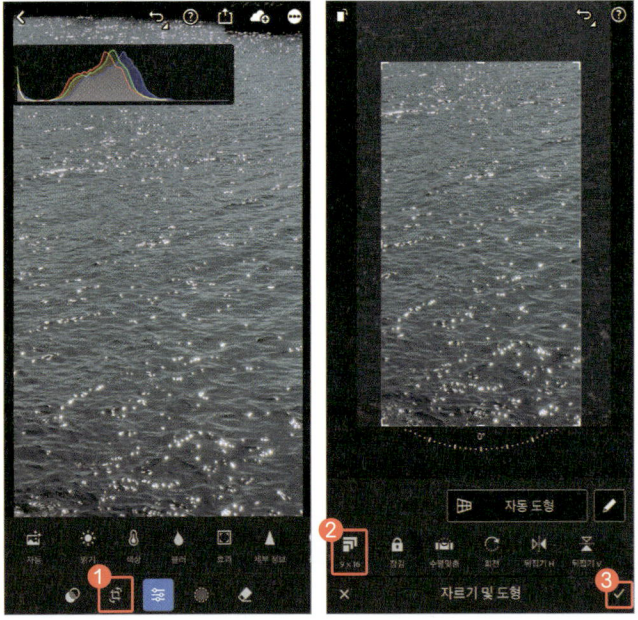

> [9×16] 비율로 잘라 내는 이유는 결과물을 스마트폰의 배경 화면으로 활용하기 위해서입니다.

2. 기본 보정으로 ❶[밝기]와 ❷[색상]을 조절합니다.

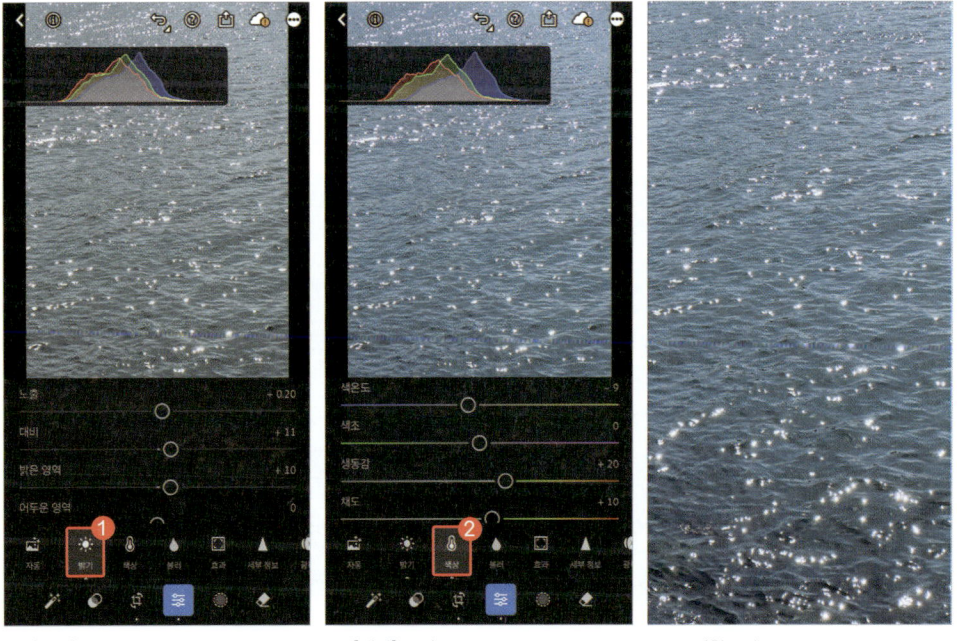

▲ [밝기] 보정　　　▲ [색상] 보정　　　▲ 보정한 모습

민썸의 사진 레시피

[밝기] 노출 +0.20 | 대비 +10 | 밝은 영역 +10 | 어두운 영역 0 | 흰색 계열 +25 | 검정 계열 +10
[색상] 색온도 -9 | 색조 0 | 생동감 +20 | 채도 +10

3. 바다의 파란빛을 더 살리기 위해 **[색상 혼합]**을 진행합니다.

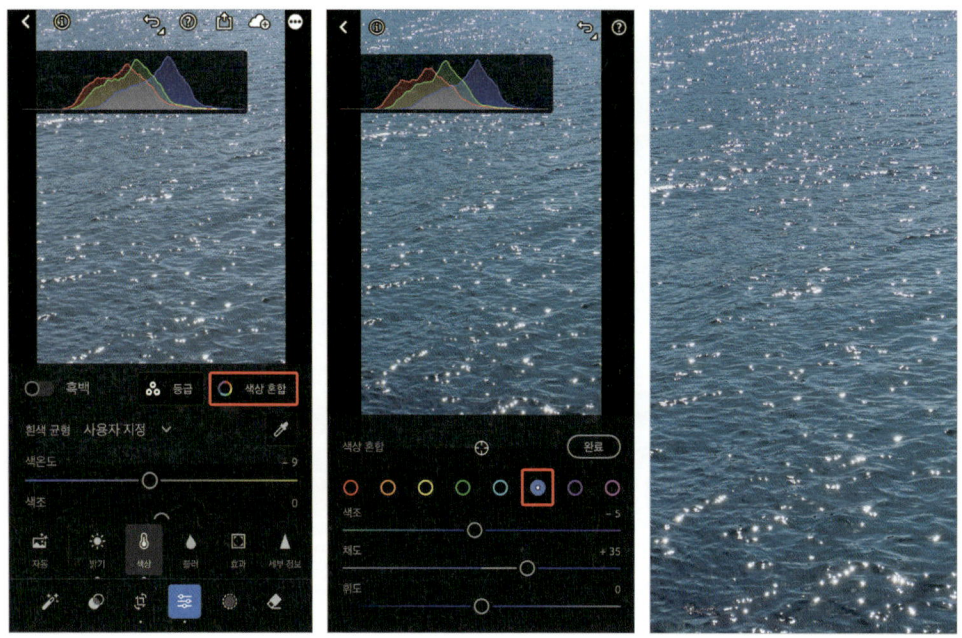

 민썸의 사진 레시피

[색상 혼합 → 파랑] 색조 -5 | 채도 +35 | 휘도 0

4. 안개 & 미스트 효과 적용하기

안개 효과는 ❶**[효과]** 탭에서 ❷**[부분 대비]**와 **[디헤이즈]**를 이용해서 조절합니다.
[디헤이즈]를 [+]로 조절하면 안개가 걷히는 효과를 적용할 수 있습니다. 반대로 몽환적인 느낌을 낼 때에는 [-]로 조절하여 의도적으로 안개 효과를 적용합니다. **[부분 대비]**를 [-]로 조절하면 미스트 필터 효과를 낼 수 있으므로 [-]로 조절하여 윤슬 느낌을 더욱 강조합니다.

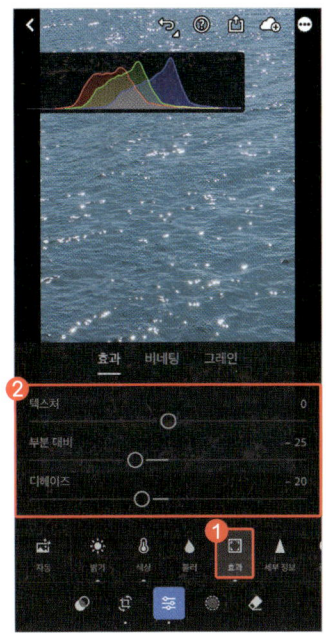 

> **민썸의 사진 레시피**
>
> [효과]
> 텍스처 0 | 부분 대비 -25
> 디헤이즈 -20

질문 있어요! 윤슬을 더욱 예쁘게 담는 팁이 있을까요?

물론이죠! 01-3절에서 언급한 '렌즈 클리너'를 촬영하기 직전에 한 번 더 사용하는 거예요. 윤슬은 빛이 반사되면서 관측되는 현상이므로 자칫 잘못하면 빛이 스마트폰 렌즈에 직접 들어오면서 **고스트 플레어** 현상이 일어날 수 있습니다. '렌즈 클리너'를 활용하여 렌즈 표면을 깨끗하게 닦으면 고스트 플레어 현상이 일어날 가능성을 낮출 수 있습니다.

> '고스트 플레어' 현상이란, 카메라 렌즈나 광학 장비에서 강한 광원이 반사되거나 굴절되어 생기는 유령 같은 빛 자국(플레어)을 의미합니다. 태양 빛이 카메라 렌즈 내부에서 반사되면서 생기는 의도치 않은 빛 번짐을 예로 들 수 있습니다.

▲ 고스트 플레어 현상이 발생한 예시 사진

06-3

청량한 분위기가 나는 하늘 사진

보정 전

보정 후

 민썸의 사진 레시피

핵심 보정 순서: [자르기] → 기본 보정 [밝기(곡선), 색상] → 색감 보정 [색상 혼합, 등급] → [효과]

힐링되는 하늘 사진 촬영 방법

바쁜 현대 사회에서 의외로 못 보고 지나치는 것이 하늘인 것 같아요. 그래서 그런지 하늘 사진을 찍어 인스타그램 스토리에 올릴 때마다 반응이 폭발적이었습니다. 여러분의 지친 일상을 치유해 줄 하늘 사진은 어떻게 찍으면 좋을지 소개하겠습니다.

1. 일반 사진보다 'RAW' 모드로 촬영하기

일반 사진도 좋지만 보정해서 하늘을 예쁘게 만들어 보고 싶다면 'RAW' 모드로 바꿔서 찍는 것을 추천합니다.
▶ RAW 모드로 촬영하는 방법은 02-2절을 참고하세요.

2. 구름과 하늘을 적절히 배치하기

구름이 너무 많거나 반대로 하늘이 너무 많은 것보다 50 : 50 정도로 적절히 혼합된 형태가 좋습니다. 처음엔 이렇게 연습하고 자신만의 하늘 구도를 찾아보세요.

3. 구름의 질감이 드러나게 촬영하기

빛이 너무 많아 구름이 하얗게 날아가 버렸다면 해당 부분을 탭하여 노출을 조절하고 다시 촬영해 보세요. '하이라이트'가 하얗게 날아간 사진은 보정에서도 복구하기 어려우니 촬영할 때 이 부분을 꼭 기억하세요.

하얗게 날아가 버린 부분을 탭하여 노출을 조절하세요!

지금 해 봐요 } 청량감 넘치는 하늘 사진 보정하기

1. [자르기 → 4×5]를 선택하여 구름과 하늘이 적절하게 보이도록 배치하여 자릅니다.

사진 내려받기

2. 톤 곡선

❶[밝기 → 곡선]를 눌러 전체 톤을 조절합니다. ❷오른쪽과 같이 S자 곡선을 그리도록 세밀하게 조절해 보세요. 그래프에 점을 많이 찍을수록 더욱 세밀하게 표현할 수 있습니다.

▶ 구름처럼 질감을 세밀하게 표현할 땐 톤 곡선을 활용하면 좋습니다.

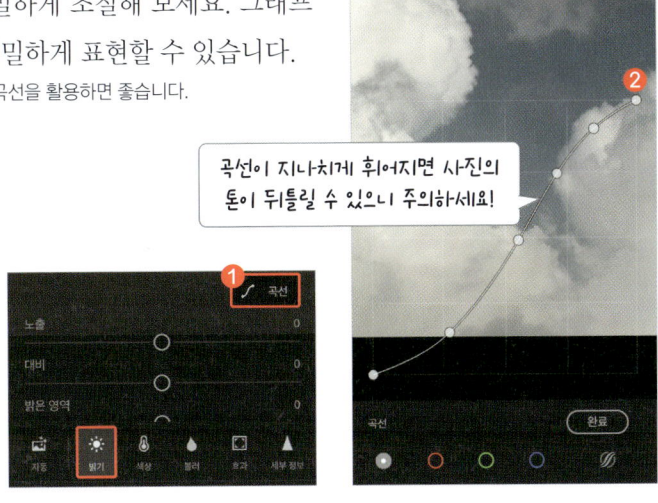

곡선이 지나치게 휘어지면 사진의 톤이 뒤틀릴 수 있으니 주의하세요!

3. 기본 보정 — 밝기와 색상 보정하기

구름을 더욱 또렷하게 해서 하늘과 구름이 명확히 구분되도록 ❶[밝기] 탭과 ❷[색상] 탭에서 기본 보정을 진행합니다.

구름 색감을 갖췄나요?

민썸의 사진 레시피

[밝기]
노출 +0.1 | 대비 -20
밝은 영역 +25
어두운 영역 -70
흰색 계열 +10
검정 계열 -60

[색상]
색온도 -4 | 색조 0
생동감 +55 | 채도 +10

4. 색상 보정 — 색상 혼합

이번에는 [색상 → 색상 혼합] 보정으로 파란 하늘을 더욱 청량감 넘치게 보정합니다.

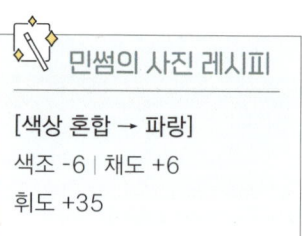

민썸의 사진 레시피

[색상 혼합 → 파랑]
색조 -6 | 채도 +6
휘도 +35

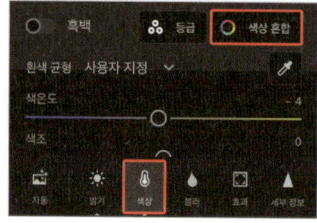

5. 색상 보정 — 색상 등급

[색상 등급]에서도 보정을 진행합니다. 포인트가 되는 ❶[중간 영역]과 ❷[밝은 영역]이 각각 구름과 하늘에 해당하므로 각 영역의 ❸색상환을 움직여 '파란색'을 미세하게 삽입합니다.

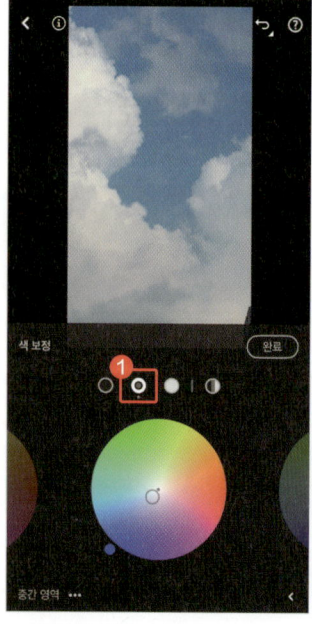

▲ [중간 영역]에 파란색 삽입

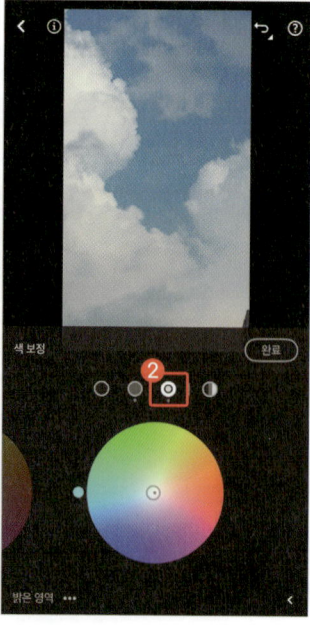

▲ [밝은 영역]에 파란색 삽입

민썸의 사진 레시피

[색상 등급 → 중간 영역] 색조 230, 채도 13 | 휘도 +30, 혼합 50, 균형 0
[색상 등급 → 밝은 영역] 색조 180, 채도 2 | 휘도 +36, 혼합 50, 균형 0

6. 효과 적용하기

❶[효과] 탭에서 ❷[디헤이즈]를 +5로 조절하여 선명함을 더하고 ❸[그레인]의 정도와 크기, 거칠기를 조절하여 빈티지함을 더합니다.

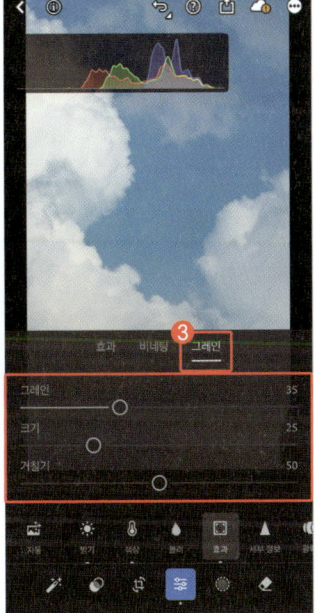

 민썸의 사진 레시피

[효과] 디헤이즈 +5　　　　　[그레인] 그레인 +35

06-4

단풍으로 물든 가을 풍경 사진

 민썸의 사진 레시피

⚙ **핵심 보정 순서:** [자르기] → 기본 보정 [밝기, 색상] → 색감 보정 [색상 혼합] → [곡선] → [효과]

인생 사진을 건지기 가장 좋은 계절, 가을!

인스타그램에서 여행 사진이 폭발적으로 뿜어져 나오는 시기, 바로 봄과 가을입니다. 봄에는 예쁜 벚꽃 풍경을 담을 수 있고, 가을에는 울긋불긋한 단풍을 볼 수 있죠. 특히 가을은 울긋불긋한 색감 덕분에 훨씬 더 보정하는 재미가 있고, 카메라의 구도나 시간대에 따라 더욱 다채로운 풍경을 담을 수 있어 제가 특히 좋아하는 계절입니다.

혹시 여러분의 스마트폰에 고이 묵혀 둔 가을 풍경 사진이 있거나 단풍놀이를 갈 예정이라면 이번 내용을 놓치지 마세요.

지금 해 봐요 〉 단풍으로 물든 가을 레전드 풍경으로 보정하기

1. 사진 자르기

❶ [자르기 → 4×5]를 선택하여 세로로 긴 사진의 위아래를 잘라 냅니다. 마치 단풍이 모노레일을 둘러싼 형태이므로 하늘과 모노레일의 하단부가 반반 보이도록 잘라 내면 좋겠네요.

❷ [자동 도형] 기능을 사용해 틀어짐을 교정합니다. 만약 [자동 도형]이 이상하게 적용된다면 [재설정 ] 화살표를 탭하여 이전 단계로 되돌립니다.

사진 내려받기

2. 기본 보정 — 밝기, 색상

빨간색, 노란색, 초록색, 파란색 등 다양한 색감이 돋보이는 사진이므로 ❶[밝기], ❷[색상] 탭에서 색감을 최대한 살리는 방향으로 조절합니다.

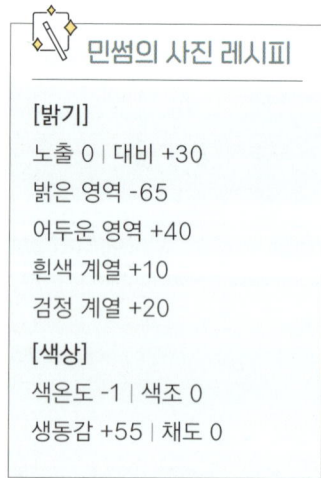

민썸의 사진 레시피

[밝기]
노출 0 | 대비 +30
밝은 영역 -65
어두운 영역 +40
흰색 계열 +10
검정 계열 +20

[색상]
색온도 -1 | 색조 0
생동감 +55 | 채도 0

3. 색상 보정 — 색상 혼합

❶[색상] 탭의 ❷[색상 혼합]에서 단풍잎 색상(빨간색, 주황색, 초록색)과 하늘을 중점적으로 보정하겠습니다. 다양한 색상이 혼재한 경우에는 색상 팔레트보다 **[색상 선택]**을 사용하면 편리합니다. ❸[**색상 선택** ⊕] 아이콘을 탭한 후 ❹ 원하는 부분의 ❺[색조], [채도], [휘도]를 조절합니다.

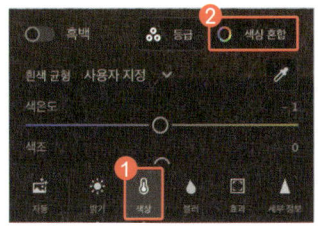

 민썸의 사진 레시피

색상 혼합 　　[빨강] 색조 -8 | 채도 +5 | 휘도 +2　　　　[주황] 색조 -28 | 채도 +24 | 휘도 +6

4. 기본 보정 — 톤 곡선 활용하기

❶[밝기] 탭의 ❷[곡선]에서 사진의 색감 톤을 세밀하게 조절합니다. 기본으로 선택된 ❸RGB(흰색) 곡선을 활용하면 더욱 뚜렷하게 구별할 수 있습니다.

RGB 곡선의 S 자 커브가 심해질수록 사진 속 밝기의 대비도 커집니다.

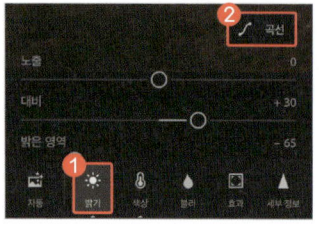

5. 효과 적용하기

❶[효과] 탭에서 ❷[그레인]을 눌러 빈티지 효과를 더해 줍니다. 가을의 계절감이 두드러지는 사진은 가을의 정취와 빈티지함이 잘 어울리므로 [그레인] 효과를 추천합니다. [크기], [거칠기]도 조절합니다.

> **민썸의 사진 레시피**
>
> [효과 → 그레인] 그레인 +25
> 크기 +25 | 거칠기 +50

질문 있어요! 단풍 사진을 찍기 좋은 곳을 추천해 주세요!

여러분이 방문해서 사진을 찍어 보기에 좋은 가을 여행지 세 곳을 추천해 드립니다.

1. 화담숲(경기도 광주)
실습에서 사용한 사진 속 장소이기도 한 화담숲은 인터넷 예약 오픈일이면 몇 초 만에 티켓이 매진되는 유명한 곳이에요. 단, 여유 있게 미리 예매한다면 그 시점에는 단풍 시기를 정확하게 예측하기 어려워서 막상 당일엔 단풍을 보지 못하고 헛걸음할 수도 있다는 점, 참고해 주세요.

2. 주산지(경상북도 청송)
영화 <봄 여름 가을 겨울 그리고 봄>의 배경지로 등장하는 청송 '주산지'는 우리나라에서 손에 꼽을 만한 명소입니다. 그래서 단풍이 울긋불긋할 때면 전국에서 모여든 사진작가들로 붐비곤 하죠. 특히 새벽에 볼 수 있는 '물안개' 풍경이 유명합니다.

3. 창덕궁 후원(서울시 종로구)

우리나라 최대 궁중 정원으로 한정 기간에만 입장할 수 있는 비밀스러운 공간입니다. 특히 가을 단풍 풍경이 유명해서 새벽부터 입장 티켓을 구매하는 줄이 길게 늘어서 있는 걸 볼 수 있습니다. 저도 아침 7시부터 줄을 서서 어렵게 입장했는데 정말 아름다운 가을 풍경 덕분에 사진을 찍는 내내 즐거웠던 기억이 납니다. 아직 창덕궁 후원을 방문해 보지 않았다면 올가을에는 꼭 도전해 보세요.

06-5

조명이 돋보이는 야경 사진

보정 전

보정 후

 민썸의 사진 레시피

🎚 **핵심 보정 순서:** [자르기] → 기본 보정 [밝기, 색상] → 색감 보정 [색상 혼합] → [곡선] → [효과]

대단한 장비 없이도 찍을 수 있는 도심의 야경

해가 지면 마주하는 도심의 야경은 그야말로 장관입니다. 보통 미러리스 카메라로 찍는 야경은 난이도가 꽤 높습니다. 노출을 설정해야 하고 흔들림을 잡아줄 튼튼한 삼각대까지 필요하죠. 하지만 스마트폰은 화질은 떨어지더라도 간편하게 촬영할 수 있어서 언제든지 활용하기 좋습니다.

지금 해 봐요 〉 화려한 신주쿠 야경 보정하기

사진 내려받기

1. 사진 자르기

❶[자르기 → 16×9]를 선택하여 불필요한 부분을 잘라 냅니다. 이번 예제 사진은 **[수평맞춤]**을 눌러도 교정이 잘 되지 않아 ❷회전 슬라이더를 직접 스와이프해 수동으로 수평을 조절합니다.

질문 있어요! 가로 사진을 세로 사진 규격으로 잘라 내고 싶어요!

세로로 담기 어려운 풍경은 불가피하게 가로로 촬영할 수밖에 없습니다. 사진 촬영에 어느 정도 감이 생기면 세로 사진으로도 활용할 수 있도록 여유를 두고 가로 사진을 찍어 보세요. 예제 사진은 세로 사진으로도 활용할 수 있도록 고려해서 촬영했습니다. 만약 세로 사진으로 자른다면 다음과 같이 선택할 수 있죠.

2. 기본 보정 — 밝기, 색상

❶[밝기], ❷[색상] 탭에서 보정을 진행합니다. 어두운 야경 사진이라면 [노출]을 이용해 전체 밝기를 조절하기보다 [밝은 영역]과 [어두운 영역]의 밝기를 각각 세밀하게 조절하는 게 좋습니다. [어두운 영역]의 밝기를 지나치게 끌어올리면 자글자글한 노이즈가 발생할 수 있으니 주의하세요.

 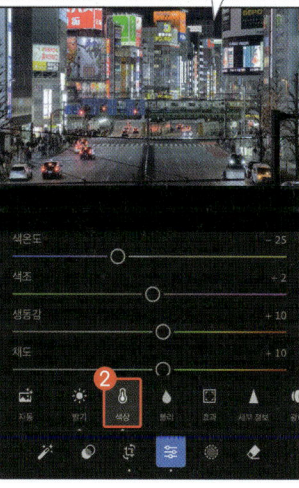

도심의 야경을 푸르게 표현하기 위해 [색온도]를 '차갑게' 조절했습니다.

 민썸의 사진 레시피

[밝기] 노출 +0.15 | 대비 0 | 밝은 영역 -19 | 어두운 영역 -30 | 흰색 계열 +10 | 검정 계열 -15
[색상] 색온도 -50 | 색조 +3 | 생동감 +10 | 채도 +10

3. 색상 보정 — 색상 혼합

[색상 → 색상 혼합]을 진행합니다. 야경에서 돋보이는 색상(푸른 계열, 보라색 계열)은 정해져 있으므로 간단하게 색상 팔레트를 선택하여 조절합니다.

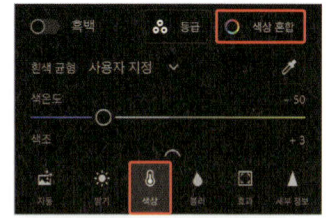

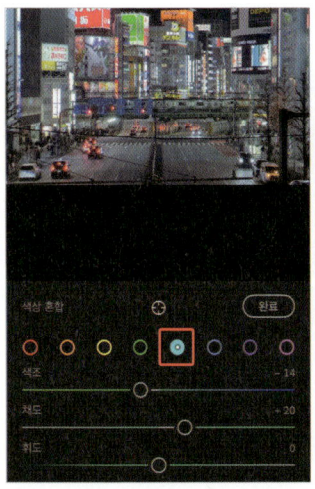 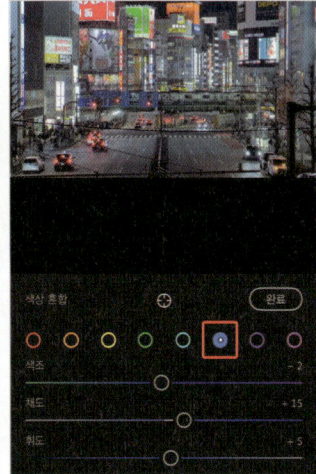 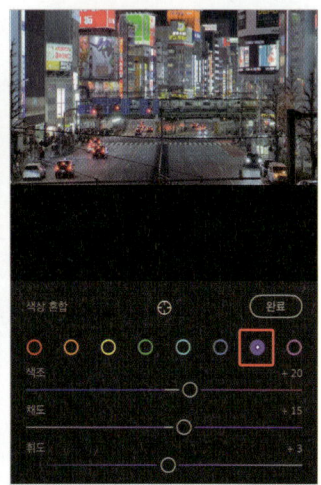

 민썸의 사진 레시피

색상 혼합   [하늘색] 색조 -14 | 채도 +20 | 휘도 0   [파란색] 색조 -2 | 채도 +15 | 휘도 +5
           [보라색] 색조 +20 | 채도 +15 | 휘도 +3

4. 기본 보정 — 톤 곡선 활용하기

[밝기] 탭의 [곡선]을 눌러 야경 사진에 대비와 푸른 색감을 더합니다. 이 사진은 네온사인 덕분에 어두운 영역부터 밝은 부분까지 모든 빛이 표현되어 있습니다. 따라서 어두운 영역, 중간 영역, 밝은 영역까지 톤 보정을 골고루 진행합니다. 톤 곡선, Red, Green, Blue 곡선까지 모두 활용합니다.

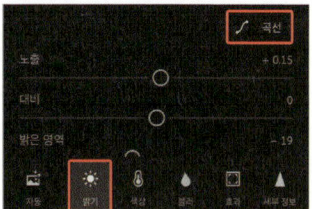

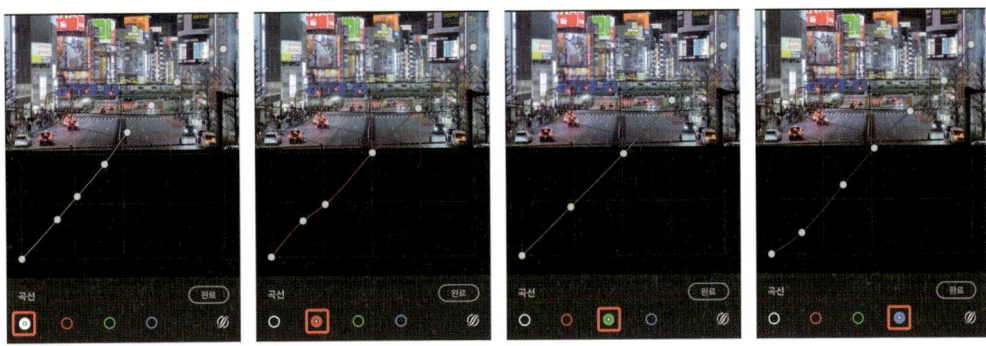

> 점의 개수가 많을수록 세밀하게 보정할 수 있어요.

5. 효과 적용하기

❶[효과] 탭의 ❷[부분 대비], [디헤이즈]를 조절합니다. [부분 대비]를 [-]로 조절하면 빛이 퍼지면서 몽환적이고 감성적인 분위기를 낼 수 있습니다.

> 빛이 부족한 야경 사진에서는 이미 노이즈가 발생한 상태이므로 [그레인]은 따로 사용하지 않아요.

민썸의 사진 레시피

[효과] 텍스처 0 | 부분 대비 -5 | 디헤이즈 +4

177

06-6

시간을 저장하는 타임랩스 촬영법

타임랩스는 고정된 장소에서 일정한 시간 간격으로 촬영한 '사진 영상'을 말합니다. 사진 영상이라고 하니까 말이 조금 이상하죠? 실제로 사진을 한 장 한 장 이어 붙여서 만든 영상이라서 좀 더 사실적인 표현이라고 할 수 있어요. 보통 카메라로 찍는 게 정석이지만 스마트폰으로도 간단하게 타임랩스를 찍을 수 있습니다.

1분 영상으로 맛보기

타임랩스는 언제 촬영하면 좋을까?

타임랩스는 천천히 변화하는 장면을 기록할 때 가장 효과적입니다.

1. 노을과 일출 장면

▲ 방콕의 루프탑 바에서 촬영한 노을 진 야경 타임랩스 캡처 화면

하늘의 색이 변화하는 과정을 담아 몽환적인 분위기를 연출할 수 있습니다. 구름이 움직이는 모습이 더 극적이므로, 구름이 많은 날 촬영하면 더욱 멋진 타임랩스를 만들 수 있습니다.

2. 야경과 별의 움직임

밤하늘에 별이 이동하는 모습, 유성이 떨어지는 장면을 타임랩스로 촬영하면 신비로운 느낌을 줍니다. 도시의 야경 속 차량 불빛이 움직이는 모습을 찍으면 멋진 라이트 트레일(light trail) 효과도 얻을 수 있습니다.

3. 교통수단을 타고 이동하면서 보는 바깥 풍경

기차, 자동차, 배 등 이동하는 교통수단을 타고 가면서 바깥 풍경을 타임랩스로 촬영하면 여행의 순간을 더욱 감각적으로 기록할 수 있습니다. 창문 밖의 풍경이 빠르게 흘러가는 영상은 여행 브이로그에서 특히 유용합니다.

▲ 스위스에서 자전거를 타고 풍경을 촬영한 타임랩스 캡처 화면

4. 사람들이 바쁘게 움직이는 도시 풍경

번화가, 시장, 지하철역 등에서 사람들의 움직임을 타임랩스로 촬영하면 활기 찬 도시의 느낌이 납니다. 구도를 잘 잡으면 멋진 영화 같은 장면을 연출할 수 있습니다.

5. 꽃이 피거나 변화하는 장면

꽃봉오리가 천천히 피는 모습을 타임랩스로 기록하면 자연의 아름다움을 더욱 극적으로 표현할 수 있습니다. 이렇듯 타임랩스는 한 장소에서 시간의 흐름을 기록할 때 유용합니다.

▶ 다양한 환경에서 타임랩스를 시도해 보며 가장 흥미롭게 변화하는 장면을 찾아보세요!

타임랩스 촬영 준비하기

타임랩스 촬영을 계획한다면 일반 풍경을 찍을 때와 다르게 꼭 필요한 준비물이 있습니다. 바로 튼튼한 **삼각대**와 **스마트폰용 그립**입니다. 타임랩스 영상에는 주변에서 부는 바람, 촬영자의 움직임 등 정말 작은 흔들림도 고스란히 기록되므로 흔들림을 최소화하도록 삼각대와 그립 등의 장비를 필수로 사용해야 합니다.

▶ 너무 저렴한 삼각대보다 중저가의 고급 삼각대를 구입해 안전하게 촬영하는 것을 추천합니다.

▲ 삼각대

▲ 스마트폰용 그립

지금 해 봐요 〉 타임랩스 촬영하기

1. 촬영 준비하기

우선 찍고자 하는 장소에 삼각대를 설치하고 스마트폰을 단단하게 고정합니다. 카메라를 켜고 **[타임랩스]** 모드를 선택합니다. 기종에 따라 '광각', '일반', '망원'을 선택할 수 있는데, 광각 → 일반 → 망원 순으로 작은 흔들림도 크게 느껴질 수 있으니 먼저 '광각'이나 '일반' 화각을 사용하는 걸 추천합니다.

2. 촬영 설정하기

촬영 버튼을 누르기 전에 중심이 되는 피사체를 꾹 눌러 초점을 고정합니다. 그리고 촬영 버튼을 누릅니다.

3. 타임랩스 촬영 설정하기

이제 흔들리지 않게 주변을 통제하고 기다리기만 하면 됩니다! 타임랩스 촬영을 할 때 가장 문제가 되는 건 바로 **주변의 진동**이에요. 타임랩스는 촬영한 화면을 고속으로 보여 주는 기법이다 보니 진동이 약간만 있어도 화면에 고스란히 적용됩니다. 만약 여러분이 타임랩스를 촬영하는 빈도가 높다면 '삼각대'에 투자하는 것을 추천합니다. 가격을 조금 더 주더라도 비싼 삼각대를 구비하면, 삼각대 자체의 무게가 가벼워 휴대하기 좋으며 촬영할 때는 주변 진동을 더욱 잘 잡아 주어 타임랩스 촬영에 훨씬 유리하기 때문입니다.

07

'좋아요'를 부르는 상황별 일상 사진
[사물 편]

사진을 찍을 때 가장 일반적이면서 소비하기 쉬운 상황이 바로 우리의 '일상'입니다.
이번 장에서는 우리의 일상을 포착해서 사진을 찍고 편집하는 방법을 다룹니다.
대표적인 일상 사진 예시를 준비했으니 스마트폰을 가지고 천천히 따라와 주세요.

07-1 • 맛집 리뷰를 위한 군침 도는 음식 사진

07-2 • 저 멀리 떨어진 달 포착 사진

07-3 • 밤하늘을 수놓는 빛, 불꽃 축제 사진

하나, 둘, 셋, 찰칵! • 지금 창문을 열어 달 사진 촬영하기

07-1

맛집 리뷰를 위한 군침 도는 음식 사진

 민썸의 사진 레시피

☞ 핵심 보정 순서: [자르기 및 회전] → 기본 보정 [밝기, 색상] → 색감 보정 [색상 혼합] →
　　　　　　　　 [효과] → [마스크]

일상을 채우는 맛집 SNS 포스팅

일상이나 여행에서 빠지지 않는 것이 바로 음식이죠! 특히 블로그, 인스타그램과 같은 SNS를 사용하는 비중이 높아지면서 맛집을 리뷰하거나 체험단으로 활동하는 분들이 정말 많아졌습니다. 비싼 고급 카메라 장비로 음식을 촬영해서 공유해도 좋지만 여러분이 항상 휴대하는 스마트폰으로 촬영해도 사람들의 공감을 사는 데 부족하지 않습니다. 이번에 다루는 보정 기법을 적용해 SNS 맛집 계정과 블로그를 더욱 다채롭게 꾸며 보세요.

지금 해 봐요 〉 맛집 리뷰를 위한 군침 도는 음식 사진 보정하기

누구나 먹고 싶은 그럴싸한 음식 사진을 한번 만들어 볼까요? 여러분이 찍은 음식 사진을 가져오거나 오른쪽 QR코드를 스캔해서 사진을 내려받고 라이트룸으로 불러오세요.

사진 내려받기

1. 사진 자르기

❶[자르기]를 선택하고 ❷일반적인 세로 사진 비율인 [4×5]로 설정합니다. ❸메뉴판의 글자가 정면으로 보이도록 사진을 [회전]합니다.

▶ 세로 사진은 [4×5], 가로 사진은 [16×9]를 선택하세요.

2. 기본 보정 — 밝기, 색

사진에서는 붉은색 타일과 하얀색 식기 위로 아침 햇살이 비치네요. 사진의 포인트인 햇빛을 훼손하지 않고 적절히 살려 음식을 더욱 맛있어 보이게 만들어 보겠습니다.

❶[밝기]에서 [노출]을 조절해서 빛을 강조하고 [어두운 영역]을 높여 음식을 밝게 표현합니다. ❷[색상]에서도 [색온도]를 살짝 높여 햇빛이 주는 분위기를 강조하고 [생동감]을 높여 음식의 색감을 더욱 진하게 만든 후, [채도]를 낮춰 색감의 균형을 맞춥니다.

사진 레시피를 그대로 따라 해보고 여러분의 감성으로 조금씩 수정해 보세요.

민썸의 사진 레시피

[밝기]
노출 +0.15 | 대비 -20
밝은 영역 -45
어두운 영역 +10
흰색 계열 +10
검정 계열 -10

[색상]
색온도 +5 | 색조 +10
생동감 +10 | 채도 -5

3. 색상 보정 — 색상 혼합

❶ [색상 → 색상 혼합]을 선택하여 ❷ 사진 속에서 핵심이 되는 색상을 하나씩 눌러 색조, 채도, 휘도를 조절합니다. ❸ 조절을 마쳤다면 [완료]를 누릅니다.

 사진 속 핵심 색상만 선택하여 조절하는 것이 포인트입니다!

민썸의 사진 레시피

[빨강] 색조 +10 | 채도 +35 | 휘도 +5
[주황] 색조 -4 | 채도 +19 | 휘도 +7
[노랑] 색조 -5 | 채도 +5 | 휘도 -15
[초록] 색조 +3 | 채도 +10 | 휘도 +5

4. 효과 적용하기

❶ [효과]에서 ❷ [디헤이즈]를 조절하면 사진 속 뿌연 부분을 선명하게 보정할 수 있어요. 풍경 사진에서는 [-/+]를 오가며 다양하게 조절하지만, 음식 사진에서는 대부분 [+]로 조절합니다. ❸ [그레인]의 정도와 크기, 거칠기로 질감 효과를 더합니다.

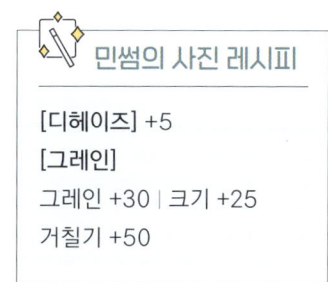

민썸의 사진 레시피

[디헤이즈] +5
[그레인]
그레인 +30 | 크기 +25
거칠기 +50

5. 마스크 적용하기

접시에 비친 그림자를 보니 빛이 왼쪽에서 들어오고 있네요. [선형 그레이디언트]로 빛의 농도와 분위기를 살려 햇빛의 느낌을 더욱 생생하게 표현해 보겠습니다.

❶ 메뉴에서 [마스크]를 탭합니다. ❷ ➕를 탭하고 [선형 그레이디언트]를 선택한 후 ❸ 영역을 왼쪽에서 비스듬하게 설정합니다. ❹ 노출, 대비 등 세세한 보정을 진행하고 ❺ ✔를 탭합니다.

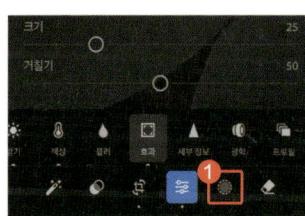

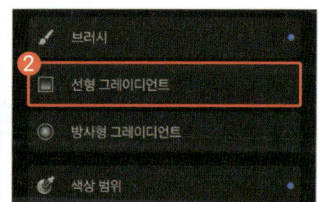

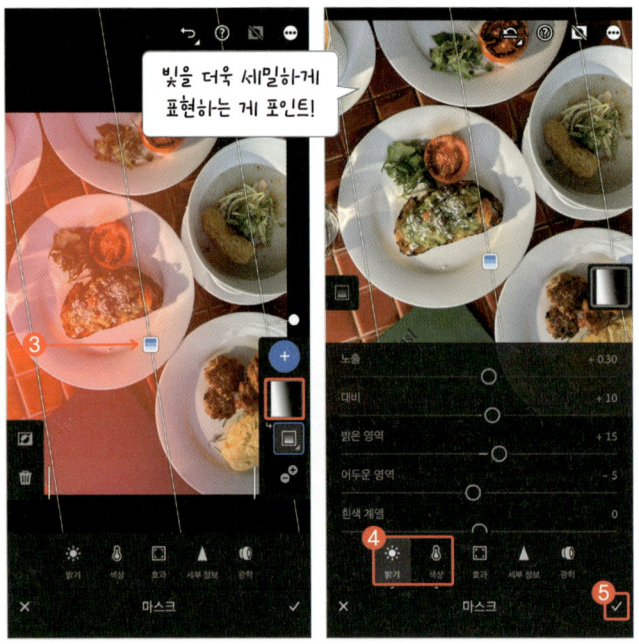

 민썸의 사진 레시피

[밝기] 노출 +0.30 | 대비 +10 | 밝은 영역 +15 | 어두운 영역 -5   [색상] 색온도 +10

6. [공유 ■ → 장치에 사본 저장]을 탭해 완성된 사진을 출력합니다. 보정 전후 사진을 비교하고 추가 보정이 필요하다면 해당 단계로 돌아가서 다시 편집해 보세요.

07-2

저 멀리 떨어진 달 포착 사진

보정 전

보정 후

> **민썸의 사진 레시피**
>
> 핵심 보정 순서: [자르기] → 기본 보정 [밝기, 색상] → 곡선 → [효과]

선명한 달 사진도 찍는 스마트폰 카메라

스마트폰으로도 저 멀리 떨어진 달 사진을 찍을 수 있을까요? 대답은 "YES!"입니다. 스마트폰 카메라로도 미러리스 카메라에 버금가는 퀄리티의 결과물을 낼 수 있어요. 물론 화질 수준은 아직 갈 길이 멀지만 달을 촬영하고 SNS에 올릴 정도로는 충분합니다.

▲ 아이폰 14 프로로 촬영한 달 사진

기종에 따라 달라지는 달 촬영 방법

갤럭시와 아이폰으로 달을 찍기 전, 기기별 차이점부터 살펴볼까요?

기능	갤럭시	아이폰
카메라 모드	프로 모드	기본 카메라(야간 모드) 또는 외부 앱 카메라
줌	최대 100배(광학 및 디지털)	최대 15배(주로 디지털)
달 사진 디테일	AI로 살려 내기	다소 부족

아무래도 카메라의 세부 설정을 할 수 있고 100배 줌이라는 놀라운 기능이 있는 갤럭시가 달 사진을 촬영하기에 유리합니다. 보통 달이나 야경 사진처럼 빛이 부족한 환경에서 촬영한 사진은 퀄리티, 노이즈, 잔상 등의 문제가 꼭 발생합니다. 하지만 아이폰 사용자도 여기에서 소개하는 방법으로 설정하면 달 사진을 문제없이 찍고 보정할 수 있습니다. 먼저 갤럭시와 아이폰으로 달 사진을 찍는 방법을 살펴보겠습니다.

갤럭시 — 프로 모드와 100배 줌으로 촬영

갤럭시 울트라 모델을 사용한다면 100배 줌 기능을 활용해 수준급으로 달을 촬영할 수 있습니다. 그 외의 모델은 프로 모드를 사용하여 달을 촬영합니다. 갤럭시는 특히 AI가 자동으로 달 사진의 품질을 높여 주므로 쉽게 촬영할 수 있습니다.

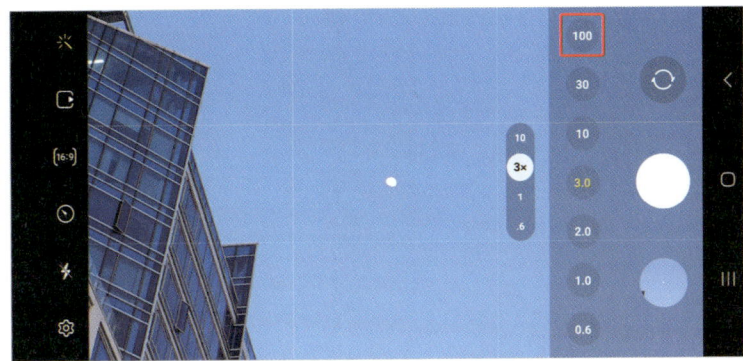

> 프로 모드 사용법은 01-1절을 참고하세요.

이때 튼튼한 삼각대를 준비하는 것이 중요한데요. 삼각대 위에 스마트폰을 거치한 뒤 기본 카메라에서 최대 배율을 설정하면 됩니다. 위와 같이 **베스트 샷** 기능이 자동으로 활성화된다면 삼각대로 위치를 미세하게 조절해 '베스트 샷' 중심에 노란색 달이 겹치도록 구도를 수정해 보세요.

아이폰 — 노출, 밝기 조절 후 촬영

아이폰은 갤럭시에 비해 일련의 과정을 거쳐야 달 사진을 좀 더 높은 수준으로 촬영할 수 있습니다. 카메라 배율을 최대한(×15)으로 높이고 **[자동 노출/초점 고정]**을 설정해 노출을 조정한 후, 달 표면을 촬영하면 됩니다. 아래 QR코드를 스캔해 동영상으로 더 자세히 알아보세요!

▶ 노출 고정은 [설정 → 카메라 → 설정 유지 → 노출 조절]에서 할 수 있습니다.

영상 바로 가기

지금 해 봐요 ┃ 달 표면까지 또렷하게 보정하기

지금부터 본격적으로 달 사진 보정하는 방법을 알려 드릴게요. 달을 확대하여 찍은 사진의 경우 선명한 원본 사진을 확보하는 것이 가장 중요합니다. 보정 단계에서는 보다 뚜렷하게 만드는 방향으로 진행합니다.

여러분이 직접 달 사진을 찍어서 준비하거나 오른쪽 QR코드를 스캔해 실습 사진을 내려받아 라이트룸에서 불러와 주세요.

사진 내려받기

1. 사진 자르기

❶[자르기]를 눌러 ❷[1×1] 비율을 선택하고 달을 정가운데 둔 후 적용해 자릅니다. 만약 여러분이 원하는 비율이 있다면 그에 맞춰 잘라 내도 좋습니다. ❸를 탭합니다.

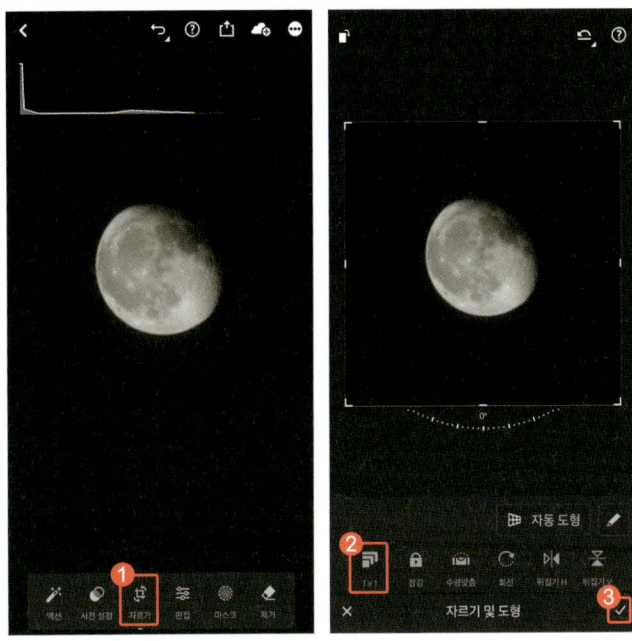

2. 기본 보정 — 밝기

❶ [밝기]에서 값을 조절합니다. 달 외에 피사체가 없어서 달의 윤곽을 중심으로 선명하게 보정하면 됩니다. 먼저 밤하늘과 달을 분리하기 위해 밝은 부분과 어두운 부분이 극명하게 차이가 나도록 ❷ [대비]를 [+]로 조절했어요.

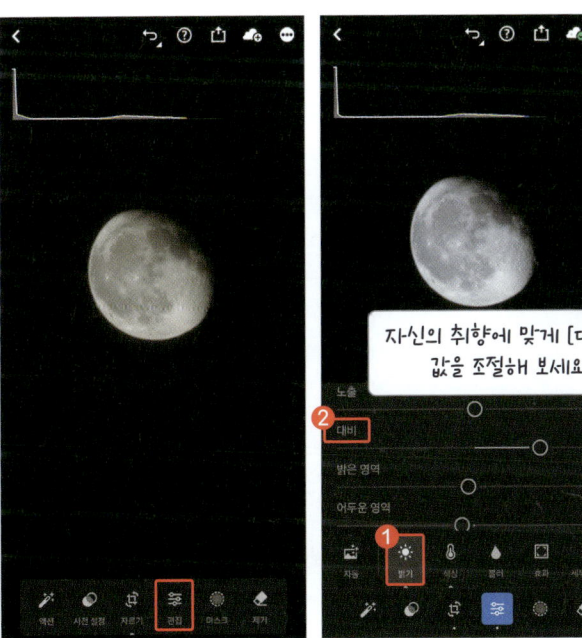

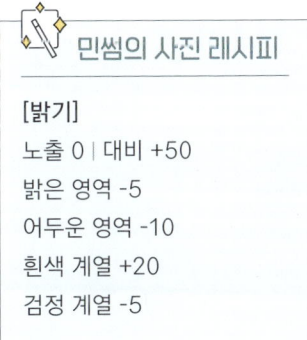

민쌤의 사진 레시피

[밝기]
노출 0 | 대비 +50
밝은 영역 -5
어두운 영역 -10
흰색 계열 +20
검정 계열 -5

3. 기본 보정 — 색상

❶ [색상]에서 ❷ [색온도]와 [색조]를 조절해서 달에 푸른 빛이 돌도록 보정합니다. 이 방법이 [생동감]과 [채도]를 수정해서 달 표면의 색을 진하게 하는 것보다 자연스럽습니다.

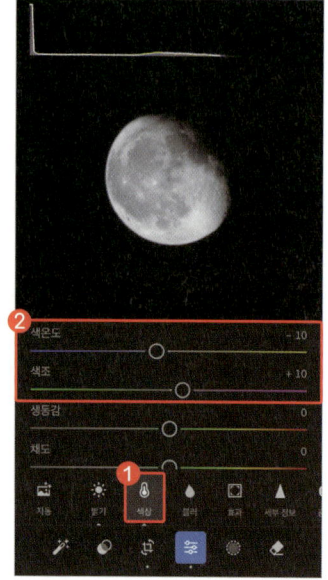

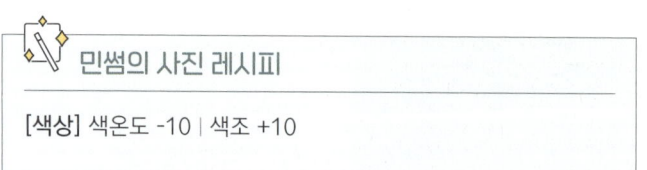

[색상] 색온도 -10 | 색조 +10

4. 기본 보정 — 톤 곡선

[밝기 → 곡선]을 선택해서 달 사진의 점 곡선을 조절합니다. 어두운 부분을 더 어둡게 보정하면 상대적으로 달 표면은 더욱 밝게 표현됩니다.

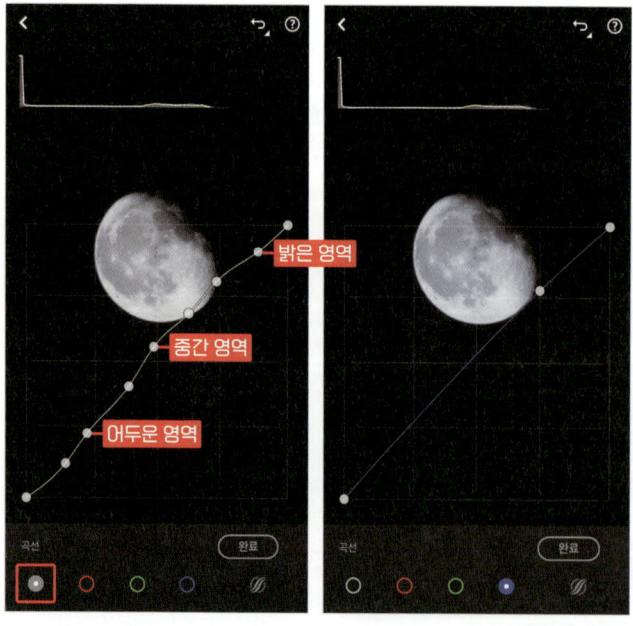

▶ 완만한 S 자 곡선에 가까울수록 왜곡 없는 톤 표현을 할 수 있습니다. 급격한 S 자 곡선을 그리면 색이 틀어질 수 있으니 주의하세요.

5. ❶[효과]에서 ❷[디헤이즈]를 [+]로 조절하여 달 표면을 더욱 또렷하게 표현합니다.

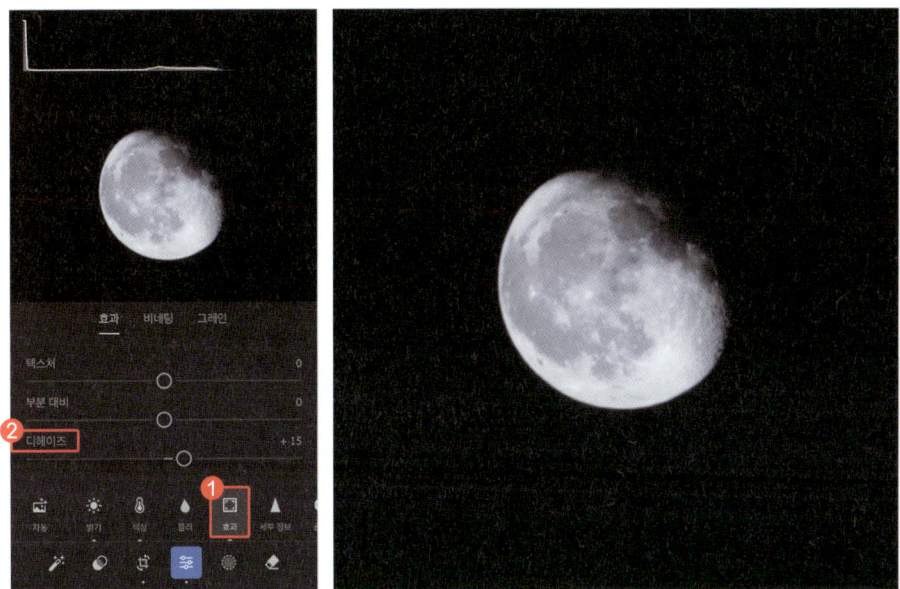

07-3
밤하늘을 수놓는 빛, 불꽃 축제 사진

보정 전

보정 후

 민썸의 사진 레시피

✎ 핵심 보정 순서: [자르기] → 기본 보정 [밝기, 색상] → [곡선] → [색상 혼합] → [효과] → [마스크]

프로 사진 작가도 어려워하는 불꽃 사진

해마다 9월~10월에 서울 여의도에서 불꽃 축제가 열립니다. 불꽃 사진을 찍으려면 자리 선점부터 불꽃의 길이, 초점, 주변 풍경의 노출까지 신경 써야 할 게 한두 가지가 아니죠. 이미 불꽃 축제에 가서 스마트폰으로 불꽃을 찍어 봤다면 공감하겠지만 눈으로 본 모습을 내 폰에 고스란히 담기 어려웠을 거예요. 화질도 많이 떨어지고 불꽃 표현이 정밀하지 않아서 오히려 영상으로 촬영하는 걸 추천할 정도입니다. 그렇다면 스마트폰으로 불꽃 사진을 찍는 건 불가능할까요? 그렇지 않습니다. 지금부터 스마트폰으로 불꽃 사진을 찍는 저만의 촬영 노하우를 소개합니다.

지금 해 봐요 〉 선명하고 화려한 불꽃 사진 촬영하기

갤럭시 스마트폰의 **프로 모드**를 사용하면 세세하게 설정해서 촬영할 수 있습니다. 반면 아이폰은 이러한 촬영 모드가 없으므로 외부 앱을 활용해야 합니다. 바로 **라이트룸**인데요. 라이트룸 모바일에는 전문가도 쓸 만한 스마트폰 카메라 촬영 기능이 있습니다. 갤럭시의 프로 모드와 유사하니 아이폰을 사용한다면 이 기능을 활용해 보세요.

1. ❶라이트룸을 실행하고 [Lightroom] 탭에서 오른쪽 아래에 있는 ❷[카메라 📷]를 누릅니다. ❸촬영 모드를 [전문가]로 설정합니다.

2. 불꽃을 촬영할 때 유용한 카메라 설정을 해보겠습니다. [Sec]는 8초, [ISO]는 100~200, [WB]는 AWB(자동)로 설정합니다.

> Sec는 second의 줄임말로 셔터 속도를 의미합니다.
> ISO(International Standard Organization)는 카메라에 들어오는 빛의 양을 조절하여 사진의 밝기를 결정합니다.
> WB(White Balance)는 반사된 빛의 색감을 중립적으로 잡아 색 균형을 조절하며, 주변의 광량에 따라 다양하게 설정할 수 있습니다. 그중에 AWB는 주변 환경에 맞게 색온도를 적절히 조절해 줘서 편리합니다.

질문 있어요! 카메라 설정이 궁금해요!

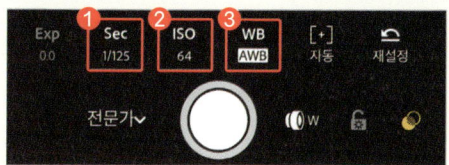

❶ 셔터 속도 [Sec] 조절하기

셔터 속도는 카메라의 셔터가 열리는 시간을 의미하며 전문가 모드에서 [Sec] 바로 아래에 표시됩니다. 셔터 속도가 길수록 더 많은 빛이 들어오며, 빛의 궤적을 길게 표현할 수 있습니다. 반대로 셔터 속도가 짧으면 순간적인 장면을 정지된 듯 선명하게 촬영할 수 있습니다.

[셔터 속도에 따른 촬영 예시]

셔터 속도	촬영 예시
1/1000초	빠르게 움직이는 피사체(스포츠, 물방울 등)를 정지된 모습으로 촬영
1/100초	손떨림 없이 일반적인 사진 촬영 가능
2~8초	불꽃놀이, 야경, 별 궤적 등 빛을 길게 표현하는 사진 촬영(삼각대 필수)
10초 이상	극적인 야경 및 장노출 사진 촬영(차량의 불빛 궤적, 물 흐름 표현)

> 불꽃 사진을 촬영할 때 셔터 속도는 2~8초가 적절합니다. 셔터 속도를 그 이상으로 길게 하면 불꽃이 번질 수 있습니다.

❷ ISO 조절하기

ISO는 카메라가 빛을 받아들이는 민감도를 조절하는 기능입니다. ISO값이 클수록 어두운 환경에서도 밝게 촬영할 수 있지만, 노이즈(거친 입자감)가 증가할 수 있습니다.

[ISO값 설정 방법]

ISO값	설명
100~200	노이즈 없이 선명한 불꽃을 담을 수 있음(추천)
400~800	조금 더 밝게 촬영할 수 있지만, 노이즈가 증가할 수 있음
1600 이상	ISO값이 크면 불꽃이 번지고 사진이 거칠어질 수 있음

> 불꽃 사진은 원래 어두운 배경이므로, ISO를 너무 높이면 불필요한 노이즈가 생길 수 있어요. 불꽃 사진을 촬영할 때에는 삼각대를 사용하고 ISO값을 낮게 설정하는 것이 좋습니다.

❸ 화이트 밸런스(WB) 조절하기

WB는 사진 속 색온도를 조절하여 불꽃의 색감을 조절하는 기능입니다. 보통 자동으로 그대로 둔 채 사용하지만, 원한다면 자신만의 색온도 값을 설정해도 좋습니다.

[WB값 설정 방법]

WB값	설명
3200~4000K (차가운 톤)	불꽃의 색상을 강조하고, 도시 불빛을 자연스럽게 표현
5000K (자연광)	기본적인 색온도로, 색감을 보정하기 쉬움
6000~7000K (따뜻한 톤)	붉은 계열을 강조해 더 웅장한 느낌이 나는 불꽃으로 촬영 가능

▶ 불꽃은 색감이 강해서 화이트 밸런스를 지나치게 조절하면 색이 왜곡될 수 있습니다. 여러 값을 직접 테스트해 보면서 원하는 색을 찾아보세요.

질문 있어요! 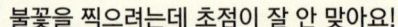 불꽃을 찍으려는데 초점이 잘 안 맞아요!

불꽃은 빠르게 움직이므로 자동 초점(Auto Focus, AF) 대신 수동 초점(Manual Focus, MF)을 사용하는 것이 중요합니다. 수동 초점 설정하는 방법은 다음과 같습니다.

[초점 설정 방법]
1. 불꽃이 터질 위치를 예상하여 초점을 맞춥니다.
2. 화면을 길게 터치해 초점을 고정합니다(AE/AF 고정).
3. 필요에 따라 수동 초점 모드에서 초점 거리를 조절하면 더욱 선명한 결과물을 얻을 수 있습니다.

▶ 불꽃이 터지는 순간을 기다리며 초점을 맞추면 흐릿한 사진을 방지할 수 있어요!

3. 타이머 설정 촬영하기

❶타이머를 ❷2초로 맞추고 ❸폭죽이 시작될 때 촬영 버튼 ⬤을 탭합니다. 촬영 버튼을 누를 때 미세한 떨림이 전달될 수 있는데 타이머를 설정하면 이를 방지할 수 있습니다. 타이머를 사용해도 흔들린다면 블루투스 리모컨과 같은 원격 장치를 이용해 보세요.

4. 사진 확인하기

촬영한 사진은 스마트폰 갤러리가 아니라 라이트룸에 저장됩니다. ❶라이트룸을 실행해 [Lightroom] 탭에서 [내 편집]을 탭하고 ❷[Lr Camera 사진] 앨범에 들어가 ❸촬영한 사진을 선택하면 됩니다.

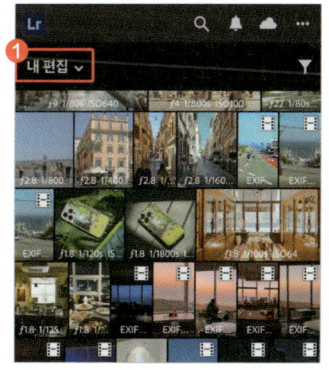 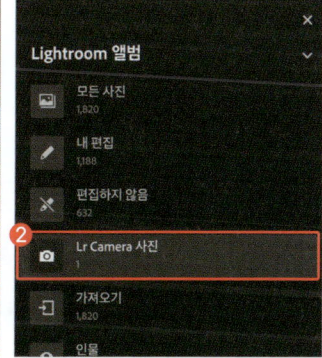 

지금 해 봐요 〉 불꽃 축제 사진 보정하기

불꽃 축제를 촬영한 사진을 편집해서 더욱 멋지게 만들어 보겠습니다. 오른쪽에 있는 QR코드를 스캔해서 불꽃 축제 사진을 내 스마트폰 갤러리에 저장합니다. 그리고 라이트룸으로 불러오세요.

사진 내려받기

1. ❶[자르기]를 눌러 ❷[4×5]로 사진을 알맞게 자릅니다. ❸이때 불꽃의 위쪽 끝 지점을 격자선의 1/3 지점에 놓으면 구도를 더욱 안정감 있게 만들 수 있습니다. ❹✅를 탭합니다.

불꽃의 위쪽 끝부분이 격자선 위쪽 1/3 지점에 위치하면 안정감 있어요.

2. 기본 보정하기 — 밝기, 색상

❶[밝기] 탭에서 주변 배경은 살짝 어둡게 만들고 불꽃을 밝게 강조하는 방향으로 보정합니다. 사진 속 가장 밝은 부분을 조절하는 [흰색 계열]을 [+]로 설정해서 불꽃을 더욱 강조합니다. ❷[색상] 탭에서도 [생동감] 등을 조절합니다.

 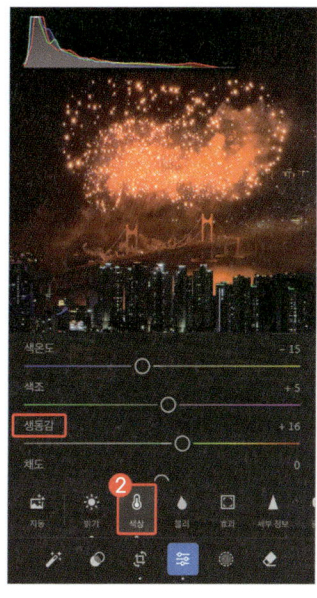 

3. 기본 보정 — 톤 곡선

❶[밝기 → 곡선]을 탭합니다. ❷점 곡선과 ❸[Blue] 곡선을 조절하여 불꽃을 더욱 선명하고 깔끔하게 만듭니다. 이때 곡선이 너무 급격하게 휘지 않도록 주의합니다. ❹[완료]를 눌러 저장합니다.

질문 있어요! 불꽃은 붉은 계열인데 왜 [Blue] 곡선을 조절하나요?

RGB 곡선은 개별 색상(빨강, 녹색, 파랑)을 조절하여 색감을 조정하는 기능입니다. 이번 실습에서는 [Blue] 곡선을 조절하여 불꽃색과 유사한 노란색을 더욱 강조했습니다.

채널	설명
R(레드)	곡선을 위로 올리면 전체적으로 붉은 톤이 강조되고, 아래로 내리면 시안(청록) 계열이 강조됨
G(그린)	곡선을 위로 올리면 녹색이 강조되고, 아래로 내리면 마젠타(보라) 계열이 강조됨
B(블루)	곡선을 위로 올리면 파란색이 강조되고, 아래로 내리면 노란색 계열이 강조됨

[RGB 곡선을 활용하는 4가지 보정 방법]
- **필름 감성 효과**: 블루 채널을 살짝 올려 어두운 영역에 푸른 느낌을 추가하고, 레드 채널을 낮춰 따뜻한 감성을 연출합니다.
- **빈티지 효과**: 블루와 그린 채널을 조절해서 색이 약간 바랜 듯한 느낌을 연출합니다.
- **따뜻한 감성 효과**: 레드 채널을 올려 따뜻한 색감을 강조하고, 블루 채널을 살짝 낮춰 부드러운 느낌을 추가합니다.
- **시네마틱 효과**: 어두운 영역에서는 블루 채널을 높이고, 밝은 영역에서는 낮춰서 극적인 대비를 연출합니다.

▶ RGB 곡선을 활용하면 기본적인 색감 슬라이더를 사용할 때보다 색 보정을 훨씬 정밀하게 할 수 있습니다!

4. 색상 보정 — 색상 혼합

❶ [색상 → 색상 혼합]을 선택해서 불꽃의 색을 세밀하게 조절합니다. ❷ 불꽃의 주된 색상인 주황색을 선택해서 ❸ [색조], [채도], [휘도]를 조절하고 ❹ [완료]를 누릅니다.

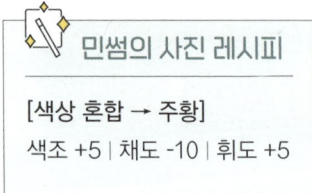

민썸의 사진 레시피

[색상 혼합 → 주황]
색조 +5 | 채도 -10 | 휘도 +5

5. ❶[효과]에서 ❷[디헤이즈]와 ❸[그레인]을 조절합니다. [디헤이즈]를 높이면 사진에서 뿌연 안개 현상을 줄여 선명도를 높일 수 있어요.

 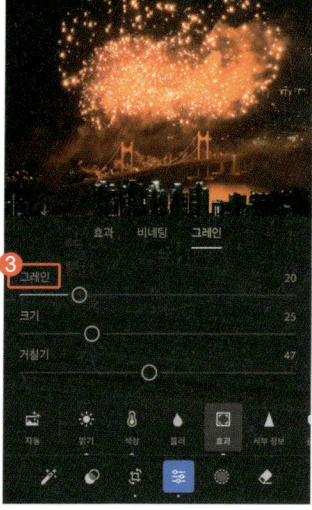 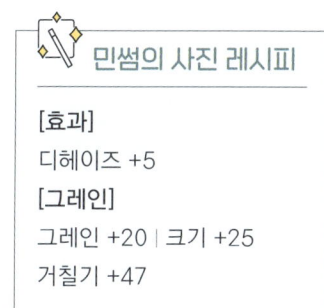

6. 마스크 적용하기

❶[마스크]를 탭한 뒤 ❷를 누르고 ❸[선형 그레이디언트]를 선택합니다. [선형 그레이디언트]를 사용하면 점점 효과가 옅어지는 그레이디언트 방식으로 간격을 넓히고 좁히면서 효과의 강도를 조절할 수 있습니다.

  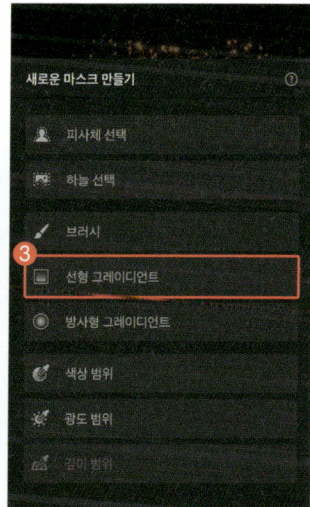

7. ❶위쪽 하늘부터 불꽃이 반사되는 바다까지 선형 그레이디언트 영역을 지정합니다. ❷[색온도]와 [색조], ❸[부분 대비]의 값을 적절히 조절하여 불꽃을 더 두드러지게 보정합니다.

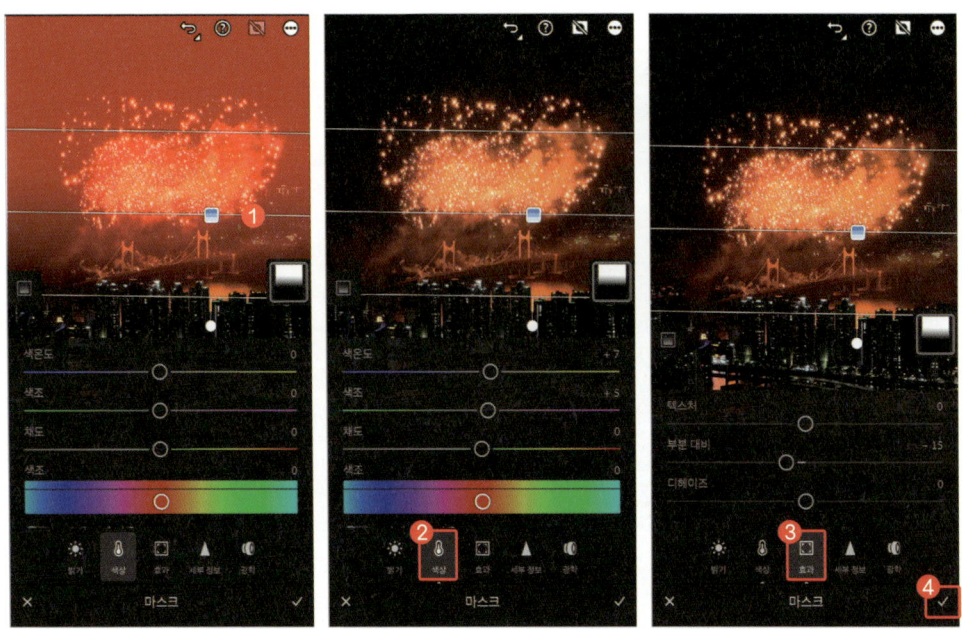

민썸의 사진 레시피

[색상] 색온도 +7 | 색조 +5   [효과] 부분 대비 -15

8. 편집을 완료하면 [공유 → 장치에 사본 저장]을 눌러 출력합니다.

208

하나, 둘, 셋, 찰칵!

지금 창문을 열어 달 사진 촬영하기

지금 여러분이 있는 곳에서 달이 보인다면 스마트폰으로 촬영해 보세요. 07-2절에서 소개한 '달 촬영법'을 충분히 숙지했다면 어렵지 않게 촬영할 수 있을 거예요. 그런 다음 멋지게 보정해 보세요. 완성한 사진은 꼭 출력해서 SNS에 공유해 주세요. 직접 촬영하고 보정까지 마친 여러분의 멋진 달 사진을 아래의 해시태그를 활용해서 SNS 계정에 게시해 준다면 여러 사람이 구경할 수 있답니다.

_ 민썸 인스타그램　@minsome_eo
_ 이지스퍼블리싱 인스타그램　@easyspub_it
_ 본문 내 삽입 해시태그　#오늘을남기는기록_스마트폰사진

내 콘텐츠를 널리널리, 숏폼 영상 촬영법
[영상 편]

영상 콘텐츠 크리에이터로 활동하며 터득한 1분 숏폼 콘텐츠 기획부터 촬영 기술, 편집까지 팔로워의 공감을 사고 SNS에서 콘텐츠를 지속적으로 만드는 비결을 차근차근 알려 드릴게요. 이제 막 영상 촬영을 시작했거나 SNS를 어떻게 운영해야 할지 막막한 분이라면 반드시 이번 장을 이해하고 넘어가세요.

08-1 • 영상 길이는 단 1분! 단숨에 시선을 사로잡는 기획

08-2 • 시간을 담는 고퀄리티 영상 촬영법

08-3 • 숏폼 콘텐츠를 위한 영상 편집 노하우

08-1

영상 길이는 단 1분!
단숨에 시선을 사로잡는 기획

숏폼이 중요한 이유

대표적인 SNS 플랫폼인 유튜브, 틱톡, 인스타그램의 공통점은 무엇일까요? 모두 숏폼 형식의 영상 서비스를 제공한다는 점입니다. 숏폼이란, 짧은 시간 안에 핵심을 전달하는 1분 내외의 짧은 영상이나 콘텐츠 형식을 말합니다. SNS를 주로 사용하는 MZ 세대에서 한 단계 더 나아가 알파 세대는 숏폼이 더욱 익숙하기 때문에 앞으로 짧은 영상은 더욱 주목받을 것입니다. 그럼 우리는 어떻게 해야 할까요? 전하고 싶은 메시지가 있다면 '1분' 형식에 맞게 가공하여 사람들 앞에 내놓을 수 있어야 합니다.

▲ 틱톡에 올라오는 다양한 숏폼 콘텐츠

> **질문 있어요!** 숏폼 영상을 만들 때 보통 시간이 얼마나 걸리나요?
>
> 1분 영상을 만들 때 평균적으로 얼마나 걸릴까요? 보통 짧으면 10분, 길면 1~2시간을 예상하지만 놀랍게도 저는 3일이 필요합니다. 영상 기획부터 촬영, 편집, 릴리즈까지 모든 콘텐츠 제작 과정을 거치다 보니 3일이 걸리는 것입니다. 생각보다 시간이 꽤 걸리나요? 중요한 건 시간이 아니라 아이디어입니다. 탄탄한 기획과 편집이 뒷받침되어야 짧은 시간에 사람들의 시선을 사로잡을 수 있어요.

미드폼 영상이 '발단 → 전개 → 위기 → 절정 → 결말'이라는 우리에게 익숙한 방식이라면 숏폼은 다릅니다. 대부분의 시청자는 '3초' 이내에 지금 이 영상을 이어서 시청할지 말지 결정하거든요. 따라서 숏폼 기획 역시 그에 맞게 바꿔야 하죠. 3초 규칙을 지킨다면 숏폼 영상의 성공률은 크게 올라갑니다.

여기서는 단시간에 시선을 사로잡는 기획 방법을 배웁니다. 만약 여러분의 영상에 완성도와 일관성이 다소 떨어진다면 기획이 부족해서일지도 모릅니다. 22만 팔로워를 보유한 제 노하우를 차근차근 익혀서 여러분의 영상을 한층 업그레이드해 보세요.

숏폼의 시작은 탄탄한 기획부터!

숏폼 영상을 만들 땐 카메라 전원 버튼을 먼저 누르는 것이 아니라 스마트폰 메모장을 열어 내가 만들 영상의 기획안을 작성해야 합니다. 영상의 주제를 적고 시간별로 어떤 컷이 들어가야 하는지 먼저 정리한 뒤 영상을 만들어야 합니다.

다음 숏폼 기획안 예시에서 단계별로 정리한 내용을 살펴보세요.

숏폼 주제	웰빙 햄버거 만들기	
목표	조회수 높은 영상 만들기 & 팔로우 전환 늘리기	
시간(초)	콘텐츠 내용	목적
0~3초	극적인 영상이나 질문으로 시작하기	관심 끌기(후킹)
4~10초	소개하기: 영상의 내용을 간략하게 설명하기	영상을 시청하면 얻을 수 있는 것 보여 주기 예) 웰빙 햄버거 레시피
11~40초	핵심 내용: 단계별 설명하기 또는 시연하기	핵심 메시지나 스토리 전달하기
40초~1분	결론: 행동 촉구하기	팔로우 전환, 댓글과 같은 리액션, 한 번 더 시청하기

▲ 숏폼 기획안 예시

▶ 후킹(hooking)이란 사람들의 관심을 끌고 계속해서 집중하게 만드는 기술을 말합니다. 쉽게 말해 첫인상을 강하게 남겨서 주목받는 요소라고 보면 돼요!

> 직접 숏폼 기획안을 적어 보세요!

숏폼 주제		
목표		
시간(초)	콘텐츠 내용	목적
0~3초		
4~10초		
11~40초		
40초~1분		

▲ 숏폼 기획안 양식 예시

이제 숏폼을 어떻게 만들어야 하는지 조금 감이 오나요? 다음 3단계를 하나씩 해결해 가며 여러분만의 영상을 기획해 보세요.

1단계: 3초 안에 관심을 끄는 후킹 만들기

SNS 회사별로 알고리즘 운영 방식이 다르고 계속 변화하기 때문에 시청 지속 시간이 무조건 중요하다고 할 순 없습니다. 하지만 초반 3초 안에 시청자의 관심을 사로잡아야 한다는 '3초 공식'은 변함이 없습니다. 3초 공식을 다음 3가지 키워드로 설명해 보겠습니다.

| 비주얼 임팩트 | 질문/흥미 유발 메시지 | 사운드 효과 |

❶ 비주얼 임팩트

보유한 영상 클립 가운데 가장 임팩트가 강력한 영상을 첫 3초에 배치해 보세요. 같은 광안리 사진이더라도 오른쪽 사진에 더 눈길이 가는 것처럼, 눈에 확 띄는 사진을 영상의 앞부분에 배치하면 사람들의 시선을 더 오래 잡아 둘 수 있습니다.

임팩트가 강한 영상을 맨 앞에 배치!

❷ 질문/흥미 유발 메시지

여러분이 전하고자 하는 말이나 사람들의 궁금증을 자아내는 질문을 영상 위에 텍스트로 적어 보세요. 매력적인 텍스트가 사람들의 주목을 이끌어 낼 거예요.

❸ 사운드 효과

지하철을 타면 무선 블루투스 이어폰을 귀에 꽂고 무언가를 시청하는 모습을 쉽게 볼 수 있습니다.

만약 여러분의 영상 도입부에 트렌디한 음악이나 매력적인 목소리를 넣는다면 사람의 마음을 쉽게 사로잡을 수 있습니다. 그래서 저도 인스타그램 릴스를 시청하다가 내 영상에 쓰고 싶은 음원이 들리면 바로 저장해 두고 기록합니다.

▲ 저자의 인스타그램 오디오 저장 탭

2단계: 1분 숏폼 구성하기

1단계에서 눈길을 끄는 '후킹'을 만들었다면 전체 영상을 구성할 차례입니다. 후킹 부분이 효과적이었다면 뒤이어 나오는 영상 클립은 자연스럽게 만들 수 있을 거예요. 다음 표를 참고해서 전체 영상을 구성하면 됩니다.

시간(초)	영상 구성
후킹(0~3초)	비주얼 영상 클립이나 감성적인 텍스트로 시작하기
핵심 콘텐츠(4~50초)	주요 메시지와 스토리 전달하기
마무리(50초~1분)	팔로우 전환하고 리액션 요구하기

3단계 : 스토리보드 작성하기

2단계까지 진행했다면 메모장의 숏폼 기획안에 꽤 많은 글이 적혀 있을 거예요. 지금부터는 이 기획안을 스토리보드에 보기 좋게 표현해 보세요. 노트 앱을 사용하거나 캔바(Canva)와 같은 시각화 서비스를 사용해도 좋습니다. 저는 아이패드의 프리폼(Freeform)을 활용하여 스토리보드를 만듭니다.

다음 스토리보드는 얼마 전에 제가 사용한 양식인데 정말 간단하죠? 스토리보드는 영상이 크게 몇 개의 장면으로 구성되고 어떤 흐름으로 진행되는지 한눈에 파악할 수 있도록 정리하는 것이 중요합니다.

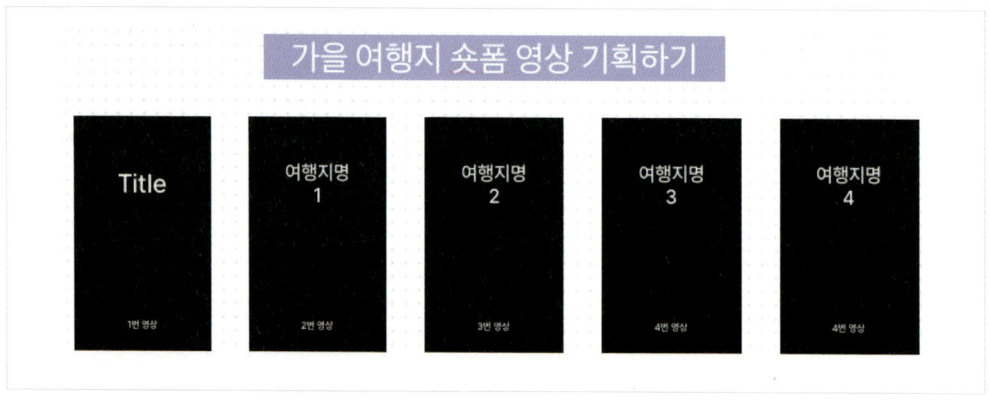

▲ 저자가 사용하는 프리폼 기획안

스토리보드는 알아보기 좋고 지속적으로 생산할 수 있도록 가벼운 마음으로 작성해 보세요!

한 걸음 더! 생산성을 높이는 기획 팁 3가지

앞서 소개한 3단계까지 진행하면 대부분의 숏폼 기획은 끝납니다. 최종적으로 스토리보드에 따라 영상을 촬영해서 배치하고 제작하면 더욱 완성도 높은 숏폼 영상을 만들 수 있어요. 여기에 더하여 어디서도 공개하지 않은 기획에 도움이 되는 팁 3가지를 소개할게요!

1. 최대한 단순하게 만들자!

너무 많은 내용을 숏폼에 담지 마세요. 숏폼을 시청하는 시간대를 살펴보면 주로 출퇴근 때의 비율이 높습니다. 즉, 숏폼은 촉박하고 불편한 환경에서 시청합니다. 너무 많은 내용을 담으면 사람들은 내용을 다 소화하지 못합니다. 힘을 빼고 가벼운 내용만으로 숏폼을 구성해 보세요.

예를 들어 '웰빙 햄버거 만들기'라는 주제로 숏폼을 만든다고 가정해 볼게요. 초반 3초에는 '오늘 저녁 만들 수 있는 초간단 햄버거 레시피'라는 타이틀을 넣고 현장감 넘치는 음식 조리 사운드와 간결한 텍스트, 5컷 미만의 영상으로 제작하면 됩니다.

2. 타이머를 사용하자!

만약 내레이션이 들어가거나 텍스트가 중심인 숏폼이라면 타이머를 사용해 보세요. 사람들이 실제로 시청하는 상황을 가정하고 그 입장이 되어 영상을 보는 데 걸리는 시간을 타이머로 측정하고 1분을 초과하는지 관찰해 보세요. 만약 1분이 넘는다면 지나치게 많은 내용을 담았거나 가독성이 떨어지는 영상일 가능성이 높습니다.

3. 영상미는 가급적 끌어올리자!

숏폼 전성시대라고 할 정도로 많은 사람들이 크리에이터에 도전합니다. 영상 발행 수가 이전과 비교가 안 될 정도로 늘어났죠. 이런 상황에서 퀄리티 높은 영상미로 한층 업그레이드된 콘텐츠를 지속적으로 생산한다면 쉽게 차별화할 수 있습니다.

예를 들어 스마트폰 카메라를 사용한다면 조명을 사용해서 빛의 퀄리티를 높여 보세요. 또는 내레이션하는 목소리가 마음에 들지 않는다면 더 좋은 마이크로 목소리 퀄리티를 높여 보세요.

08-2

시간을 담는 고퀄리티 영상 촬영법

흔들리지 않는 편안함! 상황별 손떨방 촬영법

아무리 좋은 장면이라도 영상이 계속해서 흔들린다면 시청자에게 불편함을 줄 수 있습니다. 따라서 영상을 찍을 땐 꼭 흔들림을 제어해야 합니다.

정적인 영상에는 삼각대가 필수!
스마트폰의 '흔들림 방지' 기술이 아무리 뛰어나도 삼각대를 사용한 것만큼 안정되진 않습니다. 삼각대는 조금 비싸더라도 튼튼한 전문가용으로 준비하는 걸 추천합니다. 사진 및 영상 업계에는 이런 말이 있습니다. "삼각대는 촬영 장비의 1/10 가격이 적합하다." 요즘 스마트폰의 가격대가 100만 원 중후반에서 200만 원 중반까지이니 삼각대는 10~20만 원대로 준비하면 됩니다.

▲ 실제 저자가 사용하는 여행용 삼각대(20만 원 정도)

무빙 촬영은 짐벌과 닌자 워킹이 답!

짐벌은 영상의 흔들림을 가장 강력하게 제어하는 도구입니다. 02-3절에서 소개한 것처럼 전문 미러리스 카메라에 적합한 제품부터 가벼운 스마트폰용까지 다양한 종류가 출시되어 있습니다. 자신이 사용하는 스마트폰에 맞는 짐벌을 선택해 보세요.

짐벌을 사용해도 영상이 흔들린다면 닌자 워킹을 구사해 보세요. **닌자 워킹**이란 간단히 말하면 '머리 위에 접시가 있다고 생각하고 걷는 방법'입니다. 접시를 떨어뜨리지 않고 앞으로 걸으려면 위아래 수직 방향으로 흔들림이 없이 일정한 높이를 유지해야 하죠. 이때 팔은 최대한 몸통에 붙이고 무릎을 굽힌 상태로 걸으면 됩니다.

닌자 워킹은 짐벌을 사용하든 손으로 들고 하는 핸드헬드(hand-held)로 하든 촬영할 때 무조건 적용해야 합니다.

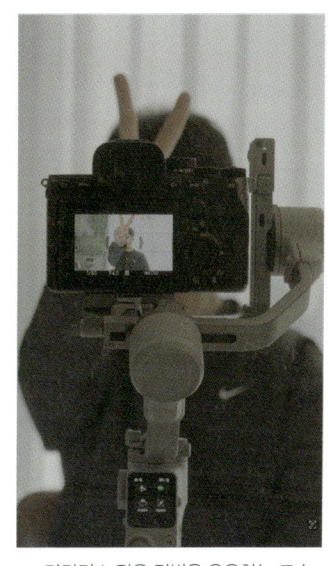
▲ 미러리스 전용 짐벌을 운용하는 모습

처음엔 다소 어색할 수 있으나 숙달되면 영상을 더욱 안정되게 찍을 수 있을 거예요. 닌자 워킹은 연습을 충분히 해야 하는 동작이므로 앞으로 영상을 촬영할 때마다 꼭 숙지하고 연습해 보세요.

▲ 일반 워킹

▲ 닌자 워킹

닌자 워킹은 마치 닌자가 걷는 모습과 비슷해서 붙은 이름이에요!

질문 있어요! [액션 모드]를 사용하는 건 어떤가요?

스마트폰에는 '동영상 안정화'에 특화된 촬영 모드가 있습니다. 갤럭시는 '슈퍼스테디', 아이폰은 '액션 모드'입니다. 각각의 카메라 모드에서 바로 선택하고 사용해 볼 수 있으니 해당 기능이 있는 기종이라면 적극 활용해 보세요. 일부 제품에서만 사용할 수 있으니 참고해 주세요.

▲ 아이폰의 액션 모드

극강의 화질을 끌어 내는 카메라 촬영 준비

1. 4K와 Full HD, 어떤 것을 선택해야 할까요?

대부분의 스마트폰과 모니터의 해상도는 4K를 기본으로 하고 일부 프리미엄 스마트폰의 경우 6K, 8K까지 지원합니다. 그래서 저는 **4K**를 추천합니다. 다만 앞서 설명했듯이 고해상도의 영상을 촬영하고 편집하려면 용량이나 그래픽카드 등 걸맞은 편집 환경을 갖춰야 합니다. 일반적인 브이로그 형식의 가벼운 영상이라면 태블릿이나 스마트폰에서 편집하는 것도 무리가 없지만 내용이 많은 영상이라면 4K 편집을 할 수 있는 PC가 필요합니다.

2. 24p, 30p, 60p 이런 숫자는 무엇인가요?

1초당 프레임, 즉 FPS(Frame Per Second)를 의미합니다. 수많은 사진이 모여서 영상이 만들어지는 건 다들 아시죠? 몇 장의 사진을 합쳐서 영상을 구성할지를 선택해야 하는데, 이때 사용하는 용어가 FPS입니다. 사진을 1초당 24장 쓴다면 24p, 30장 쓴다면 30p 이렇게 말이죠. **일반적으로는 24p**로 촬영하고 편집한 후 24p로 출력하지만, 만약 편집 단계에서 슬로 모션 적용을 염두에 두고 있다면 촬영할 때 60p로 설정하는 걸 추천합니다.

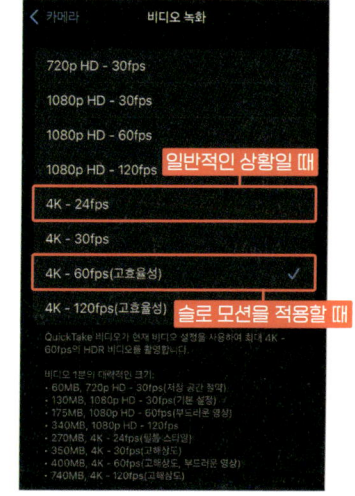

▲ 숏폼 추천 설정

3. 가로 vs 세로, 어떻게 촬영해야 하나요?

숏폼의 기본 포맷은 '세로'입니다. 따라서 기본 촬영 모드는 '세로'로 진행하면 되지만, 문제는 반드시 가로로 촬영해야만 할 때입니다. 이런 경우 전경이 다 나와야 하므로 '가로'로 촬영한 후 세로 영상으로 잘라 내어 편집을 진행합니다.

▲ 가로 사진으로 전경을 담은 사진

질문 있어요! 가로 영상을 세로로 변환하려면?

촬영할 때 미리 세로 영상의 영역을 설정하는 것이 중요합니다. 화면에 표시한 격자의 가운데 영역을 가상의 세로 영역으로 설정하고 중요한 장면이 이 영역에 위치하도록 자리를 잡고 촬영하세요.

▲ 아이폰에서 격자를 설정한 카메라 화면

해상도를 [4K] 이상으로 설정하는 것도 필수입니다. 고해상도로 촬영해야만 편집 프로그램에서 해당 영역을 세로 영상 비율에 맞게 확대하고 출력할 수 있습니다.

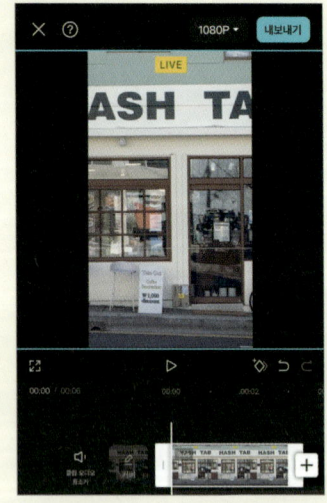

▲ 가로 영상을 세로 비율에 맞게 조절해 편집하는 모습

08-3

숏폼 콘텐츠를 위한 영상 편집 노하우

초보자에게 적합한 영상 편집 앱, 캡컷

캡컷(Capcut)은 틱톡에서 개발한 모바일 숏폼 편집 앱으로 많은 크리에이터들이 사용하고 있습니다. 제가 주로 사용하는 편집 앱이기도 해서 이번 절에서는 '캡컷'을 활용한 숏폼 영상 편집 방법을 준비했습니다. 갤럭시 사용자는 구글 플레이스토어, 아이폰 사용자는 앱스토어에서 '캡컷'을 내려받아 설치해 주세요.

캡컷 로고

> 앱을 검색했는데 너무 많이 나온다면 보통 최상단에 위치한 것이 공식 앱입니다.

지금 해 봐요 ⟩ 캡컷으로 영상 편집하기

1. 영상 불러오기

❶ 캡컷 앱을 실행하고 [편집] 탭에서 [새 프로젝트]를 누르면 갤러리에 보관한 영상을 불러올 수 있습니다. ❷ 갤러리에서 [최근 항목]을 눌러 여러분의 영상이 저장된 갤러리 폴더를 탭하고 ❸ 편집할 영상을 선택합니다. ❹ [추가]를 눌러 선택한 영상을 불러옵니다.

2. 컷 편집하기

사전에 기획한 흐름에 맞게 영상을 배치합니다. 영상을 드래그해 순서에 맞게 배치했다면 클립마다 각각 적절한 길이로 컷 편집합니다. 숏폼은 짧은 시간에 정보 전달과 바이럴이 목적이므로 영상 클립의 길이는 2~3초로 짧게 하는 게 좋습니다.

영상 클립을 모두 선택하고 양쪽의 바를 움직이거나 아래쪽의 [분할]을 사용해서 컷 길이를 조절합니다.

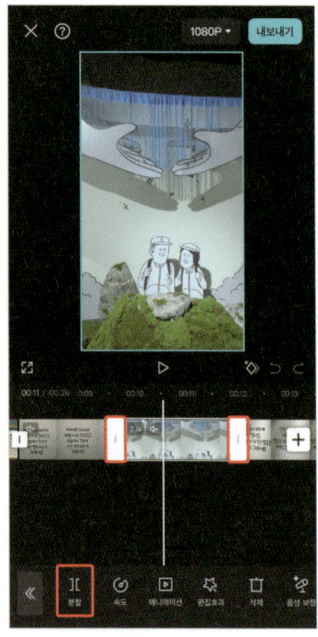

3. 구도 조정하기

영상 클립을 하나씩 보면서 강조할 곳이나 불필요한 부분이 있는지 살펴봅니다. 강조할 부분이 너무 작게 표현되어 있다면 확대하여 구도를 조정하면 됩니다.

❶해당 영상 클립을 선택하고 ❷두 손가락을 사용해 스와이프해서 영상을 확대합니다.

> 영상 편집하는 방법을 이해하기 어렵다면 캡컷 앱 메인 화면의 아래쪽 메뉴에서 [나 → 고객 지원 센터]를 탭해 [초급자용 가이드]를 확인해 보세요.

지금 해 봐요 } 텍스트 자막 입력하기

컷 편집을 완료했다면 영상 내용이 어느 정도 정리되었을 거예요. 이제부턴 시청자가 영상을 쉽게 이해할 수 있도록 돕고 시청 지속 시간을 늘리는 비법인 '텍스트' 입력 방법을 알아볼게요.

1. ❶[텍스트]에서 ❷[텍스트 추가]를 탭하고 ❸자막 내용을 입력합니다. 이때 문장이 너무 길지 않도록 주의해야 합니다. 가독성이 떨어지는 문장은 오히려 영상에 몰입하는 것을 방해할 수 있으니까요. 여기서는 **무더운 여름 딱 가기 좋은 실내 전시회 추천**을 입력해 보세요.

2. [글꼴]과 [스타일] 탭을 활용하여 앞에서 입력한 타이틀 텍스트의 가독성을 높입니다. 여기서는 ❶[글꼴 → 고딕체], ❷[스타일 → 획 → 진회색], ❸[스타일 → 그림자 → 검정]을 적용했습니다.

 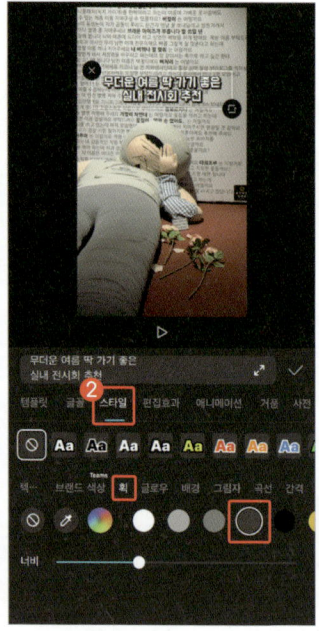 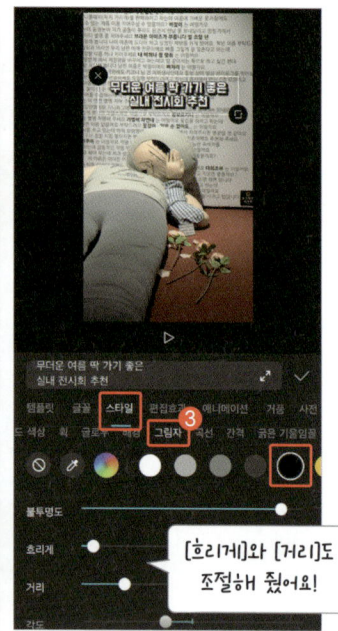

3. ❶텍스트에 [애니메이션]을 적용하여 가독성을 높여 보겠습니다. ❷[인 → 확대]를 선택하고 ❸지속 시간을 1.7s로 설정합니다. ❹텍스트의 길이와 위치를 재조정합니다.

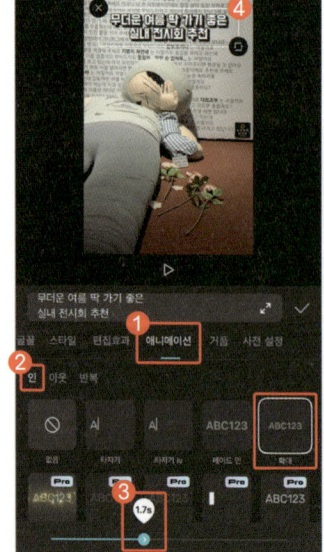 

4. 마지막으로 [스티커]를 삽입하여 타이틀을 다채롭게 꾸며 줍니다.

  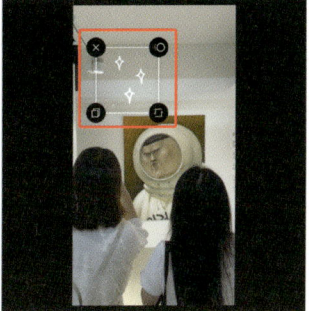

> 캡컷 화면 아래에서 다른 기능도 하나씩 눌러 보며 영상 편집에 익숙해지세요!

지금 해 봐요 } SNS 업로드용 영상 출력하기

❶캡컷 화면의 위쪽에서 [1080p]를 선택해서 출력 설정 화면을 불러옵니다. ❷해상도를 4K로 조절하고 ❸프레임 속도를 24 또는 30으로 설정합니다. ❹[내보내기]를 누르면 스마트폰 갤러리에서 완성된 영상을 확인할 수 있습니다.

> 프레임 속도는 영화 같은 냉상미를 얻을 때 24p로 많이 설정하고, 예능과 같이 움직임이 끊김 없이 부드럽게 이어져야 하는 영상은 주로 60p로 설정합니다. 프레임 속도는 영상의 분위기에 따라 그때그때 다르게 설정하는 것이 좋은데, 일반적으로는 24p나 30p로 설정합니다.

네 번째 이야기

한 번 찍은 사진, 온라인 & 오프라인에서 활용하기

자신의 예쁜 순간을 남기는 셀카부터 업무와 관련된 사진,
여행의 추억을 담은 여행 사진 등 하루에도 사진을 수백 장 찍지만,
제대로 정리하지 않으면 중요한 순간이 흐릿한 기억 속으로 사라져 버릴 수 있습니다.
네 번째 이야기에서 소개하는 온라인, 오프라인 활용법으로
여러분이 찍은 사진을 잘 간직해 보세요.

09_ 인플루언서 직행! SNS에 업로드하기 [온라인 편]
10_ 선물용으로 좋은 엽서 사진 만들기 [오프라인 편]

09

인플루언서 직행! SNS에 업로드하기
[온라인 편]

오늘날 인스타그램과 같은 SNS는 크리에이터, 기업, 개인이
청중과 소통할 수 있는 가장 효과적인 수단입니다.
공간·시간적 한계로 이룰 수 없었던 일들이 SNS를 통해 마법같이 일어나기도 하고
각자의 꿈을 펼치는 수단으로 많이 활용되고 있죠.
09장에서는 인스타그램과 같은 SNS에서 인기 트렌드, 플랫폼에 맞는 콘텐츠 형태를 알아보고
사진을 효과적으로 업로드하는 방법까지 소개합니다.

09-1 • SNS에 적합한 크기로 콘텐츠 변환하기

09-2 • 인스타그램에 콘텐츠 업로드하기 — 릴스, 캐로셀

09-3 • SNS에서 트렌드를 반영하는 것이 중요한 이유

하나, 둘, 셋, 찰칵! • 숏폼 업로드 기록하기

09-1

SNS에 적합한 크기로 콘텐츠 변환하기

콘텐츠 형식은 콘텐츠의 질만큼이나 중요합니다. 예를 들어 인스타그램은 콘텐츠를 가로형보다 세로형으로 보는 사람이 더 많지만, 유튜브 영상은 반대로 가로형으로 보는 사람이 더 많습니다. 이처럼 콘텐츠를 만들 때에는 먼저 플랫폼에 맞는 크기를 파악하는 것이 정말 중요해요. 주요 SNS에서 권장하는 콘텐츠 크기를 정리하고, 이어서 콘텐츠 크기를 조절하는 방법도 살펴보겠습니다.

플랫폼별 콘텐츠 권장 크기

인스타그램과 틱톡, 유튜브에 적합한 콘텐츠 크기를 살펴보겠습니다. 하나의 플랫폼에도 피드, 릴스, 스토리, 캐로셀 등 다양한 콘텐츠를 올릴 수 있으니 다음 표를 미리 살펴보기 바랍니다.

인스타그램

콘텐츠 유형	가로세로 비율	픽셀 크기	설명
피드	1 : 1	1080×1080	정사각형으로 인스타그램 초기부터 제공한 콘텐츠
	4 : 5	1080×1350	인스타그램에 가장 최적화된 세로형 콘텐츠
	1.91 : 1	1080×566	가로형 콘텐츠에 최적화된 크기로, 공간 효율성이 크게 떨어진다는 단점이 있음
릴스, 스토리	9 : 16	1080×1920	전체 화면을 사용하는 세로형 콘텐츠
캐로셀	다양함	일관된 크기	정사각형(1 : 1), 세로형(4 : 5) 등 크기가 다양한 콘텐츠를 좌우로 스와이프하여 볼 수 있음

▶ 스레드는 인스타그램과 연동되어 올라오므로 인스타그램의 표준을 따릅니다.

틱톡

콘텐츠 유형	가로세로 비율	픽셀 크기	설명
세로형	9 : 16	1080×1920	모바일에 최적화된 세로형 콘텐츠 크기
정사각형	1 : 1	1080×1080	정사각형 영상 크기로 일반적이지 않음
가로형	16 : 9	1920×1080	지원하지만 거의 활용하지 않음
섬네일	9 : 16	1080×1920	세로형 영상의 미리 보기 크기

유튜브

콘텐츠 유형	가로세로 비율	픽셀 크기	설명
표준형	16 : 9	1920×1080	일반적으로 사용하는 가로형 영상 크기
세로형	9 : 16	1080×1920	인스타그램 릴스와 동일한 크기
정사각형	1 : 1	1080×1080	유튜브에서는 거의 사용하지 않는 크기
섬네일	16 : 9	1280×720	표준형의 미리 보기 크기로, 눈에 잘 띄도록 굵은 서체와 대비되는 색상을 사용하는 것이 좋음
캐로셀	다양함	일관된 크기	커뮤니티 탭에 정사각형(1 : 1), 세로형(4 : 5) 등 다양한 크기의 콘텐츠를 좌우로 스와이프하는 형태로 올릴 수 있음
채널 배너	다양함	2560×1440 (최적화된 크기)	안전 영역(1546×423)에 필요한 정보를 포함하는 것이 중요

▶ 릴스용 영상과 유튜브 세로형 영상은 비율과 크기가 동일해 하나의 콘텐츠로 두 채널에 모두 올릴 수 있습니다.

> **질문 있어요!** 캐로셀이 뭐예요?

캐로셀이란 옆으로 슬와이프해서 볼 수 있는 형태의 게시물을 말합니다. 초기 인스타그램의 게시물 형태라서 아마 대부분 익숙할 거예요. 릴스와 달리 개별 사진과 영상을 엮어서 볼 수 있어서 팔로워의 리액션이 다를 수 있습니다. 가만히 보기만 하면 되는 릴스와 달리 직접 넘기면서 봐야 하므로 첫 이미지의 비주얼과 가독성이 무엇보다 중요하고 본문 내용도 달라져야 합니다.

플랫폼에 적합한 크기로 사진 변환하기

앞서 배운 콘텐츠 크기를 조절하는 방법 외에 추가로 알려 드릴 게 있습니다. 바로 가로형 **콘텐츠를 플랫폼별 최적화된 크기로** 변환하는 방법입니다. 만약 다음과 같은 가로형 사진이 있다면 각 플랫폼에 맞게 변환하여 사용하면 됩니다.

▲ 가로로 촬영한 사진(화면 비율 16 : 9)

 ▲ 세로형(4 : 5)
 ▲ 정사각형(1 : 1)
 ▲ 배경화면(9 : 19.5)

지금 해 봐요 } 갤러리에서 사진 크기 간편하게 조절하기

아이폰 갤러리 앱에서 제공하는 기본 편집 기능을 사용하면 사진의 크기를 간단하게 조절할 수 있습니다. 4 : 5, 정사각형, 배경화면 등 3가지 크기로 만들고 저장해 보겠습니다.

1. 사진 자르기

❶ 갤러리에서 비율을 수정할 사진을 선택하고 화면 아래쪽에서 [편집 ≡]을 선택하세요. ❷ 메뉴 가운데 [자르기]를 선택하면 사진을 자를 수 있는 화면으로 넘어갑니다.

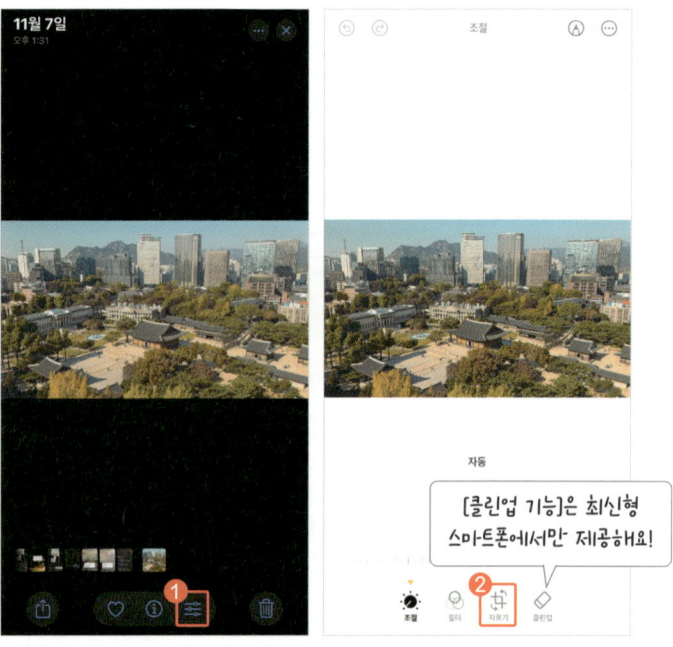

2. 4 : 5로 자르기

❶ [비율 🔲] 아이콘을 눌러 아이폰에서 기본으로 제공하는 사진 크기를 확인해 보세요. ❷ [4:5]를 선택하고 ❸ 바로 위에서 [세로 ✅] 아이콘을 선택하여 세로가 5, 가로가 4인 비율로 사진을 저장합니다. ❹ [완료]를 누르면 수정한 비율에 맞춰 사진을 저장할 수 있어요.

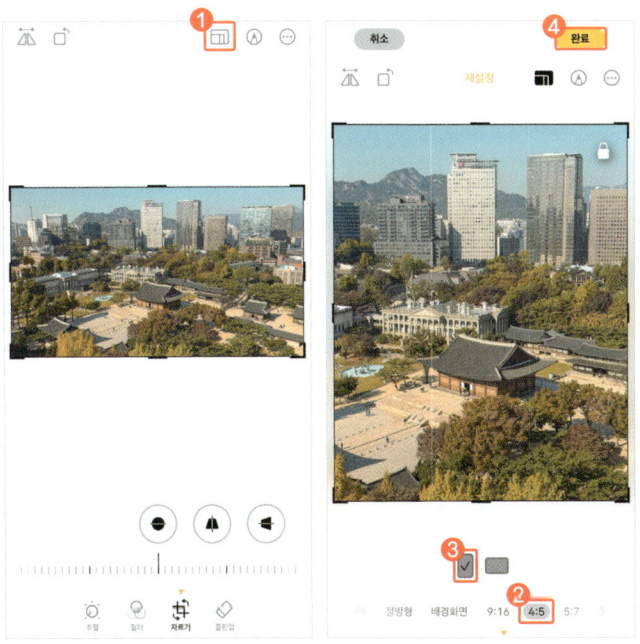

3. 원본 사진으로 되돌리기

❶ [편집 🎛]을 탭합니다. ❷ 화면 오른쪽 위에서 [복귀]를 선택하고 ❸ [원본으로 복귀]를 탭하면 원본 이미지로 다시 복구할 수 있습니다.

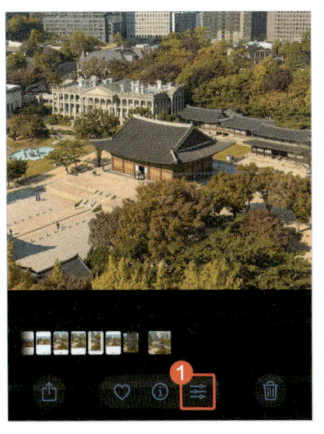  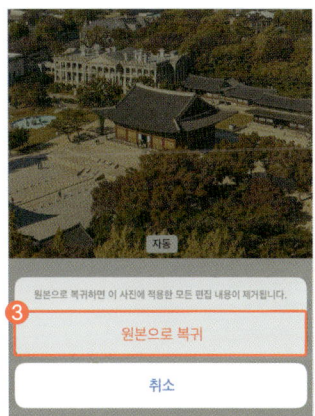

4. 정방형, 배경화면으로 변환하기

❶ 원본으로 돌아온 이미지에서 다시 [편집 ▦]을 누르고 ❷ [자르기 → 정방형], ❸ [자르기 → 배경화면]을 선택해서 다양한 크기로 바꿔 보세요.

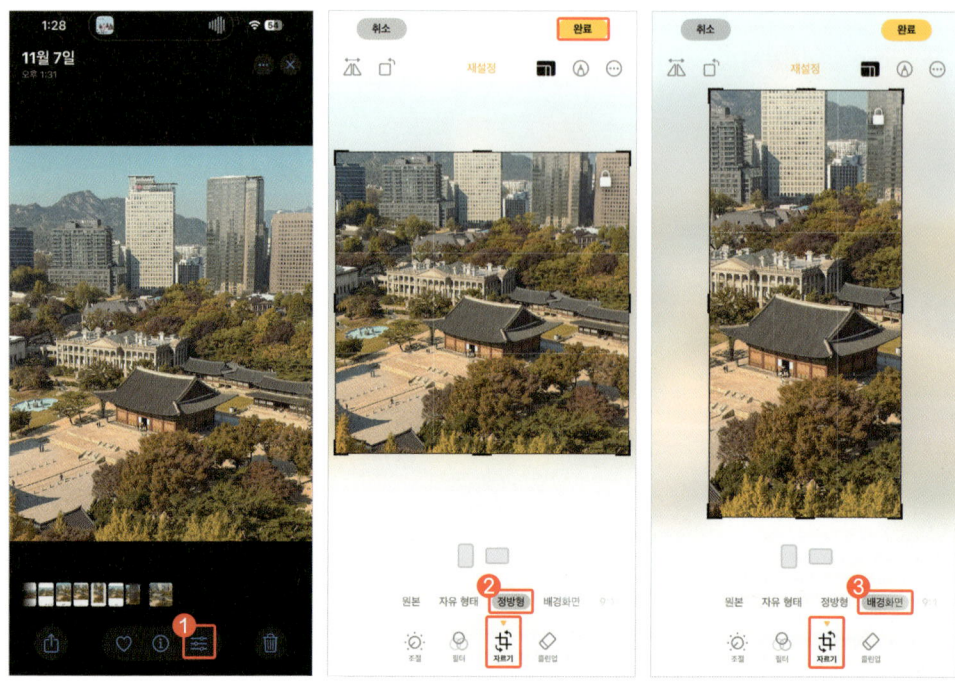

▶ [배경화면]은 스마트폰의 배경화면 비율을 말합니다.

질문 있어요! 크기가 다른 사진을 따로 저장하고 싶어요!

사진을 크기별로 저장해 두고 싶다면 사진을 복제한 후 크기를 조절하면 됩니다. 사진을 선택한 후 화면 오른쪽 위에서 [설정 ▦ → 복제]를 누르면 같은 사진 하나를 추가로 만들 수 있습니다. 복제한 사진을 원하는 크기로 변환해 보세요.

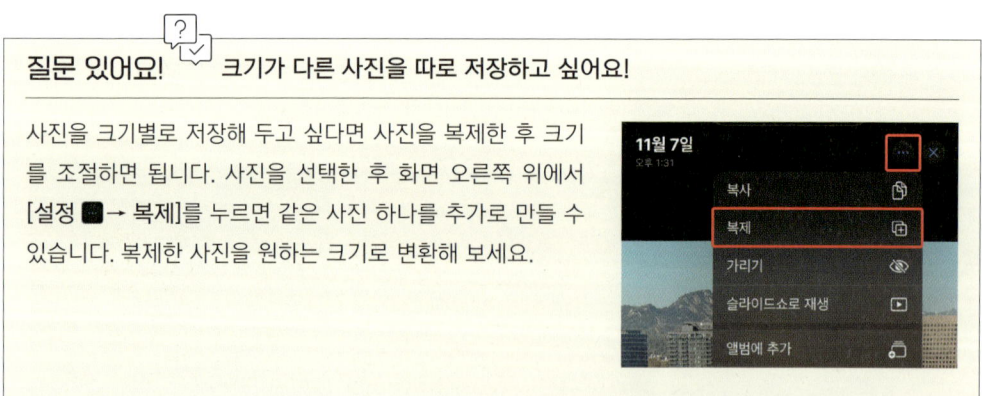

09-2

인스타그램에 콘텐츠 업로드하기 ― 릴스, 캐로셀

지금까지 여러분이 정성을 들여 만든 콘텐츠를 이제 세상에 공개할 차례입니다. 스마트폰에서 인스타그램 앱을 열고 콘텐츠를 선택하면 되는데요. 사진 순서는 어떻게 해야 하는지, 본문엔 어떤 내용을 적고 어떤 기능을 설정해야 하는지 등 인스타그램에 사진을 업로드할 때 겪는 어려움을 해결하는 대책까지 소개하겠습니다.

업로드하기 전 콘텐츠 미리 준비하기

콘텐츠를 업로드하기 전에 올릴 내용과 섬네일을 미리 준비해 두면 시간을 절약할 수 있습니다. 저 역시 2가지를 미리 준비해서 업로드 작업이 1분 안에 끝납니다.

 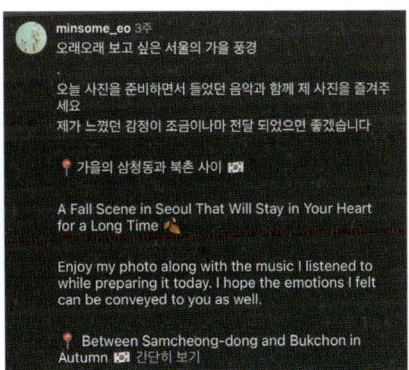

▲ 실제 인스타그램에 업로드한 콘텐츠의 본문

1. [더 보기]를 누를 수 있도록 본문 내용 준비하기

여러분의 콘텐츠가 사람들의 시선을 끌었다면 본문에는 실제로 도움되는 내용을 담는 것이 좋습니다. 앞에서 제시한 예시 이미지는 본문 내용 전체가 보이지만, 사람들이 보통 인스타그램 앱에서 릴스나 캐로셀 콘텐츠를 마주하면 다음과 같이 나타납니다. 글 오른쪽에 **[더 보기]**가 보이나요? 여기서 주목할 점은, 처음부터 [더 보기]를 눌러 내용을 확인하는 사람은 얼마 없다는 것입니다.

따라서 제목을 포함해 1~3줄은 사람들의 관심을 끌고 참여하도록 유도하는 문장을 준비해야 합니다. 질문이나 스토리텔링 방식도 좋습니다. 제가 만든 콘텐츠 속 본문 예시를 보며 자세히 알아보겠습니다.

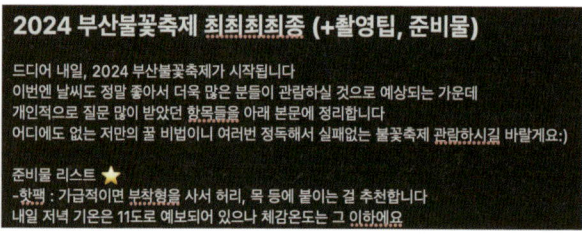
▲ 실제 인스타그램에 업로드한 콘텐츠의 예시 본문

첫 줄에 직관적인 제목을 적습니다. 불꽃 축제와 관련된 제목을 적고 끝부분에는 촬영 팁이 포함되어 있다고 적었습니다. 사람들이 바로 확인할 수 있는 첫 줄 제목에 키워드 중심으로 내용을 요약하면 [더 보기]를 눌러 내 콘텐츠에 오래 머무는 사람이 많아질 거예요.

> **질문 있어요!** 본문에 해시태그는 사용하지 않나요?
>
> 최근에 인스타그램 알고리즘의 변화로 해시태그를 활용한 콘텐츠 확산은 사실 무의미해졌습니다. 계정의 확산은 대부분 탐색과 공유 등으로 이뤄져서 해시태그를 사용하는 것보다 본문의 후킹에 시간을 들이는 것이 더 좋습니다.

2. 영상을 아우르는 섬네일 준비하기

모든 콘텐츠에는 섬네일이 필요합니다. 보통 [팔로우]를 누르기 전에 계정의 게시물을 훑어보고 누를지 말지 결정하기 때문에 섬네일 이미지는 팔로우를 부르는 중요한 요소 중 하나입니다.

릴스 섬네일은 업로드 단계에서 선택할 수 있습니다. ❶ [공유]를 누르기 전에 [커버 편집]을 선택하면 영상 속 한 지점을 섬네일로 지정할 수 있죠. ❷ 만약 영상 안의 구간이 아니라 별도의 이미지를 섬네일로 사용하고 싶다면 [카메라 롤에서 추가]를 눌러 해당 이미지를 불러옵니다.

또한 사진과 영상을 여러 개로 구성한 캐로셀에서는 맨 처음 사진 또는 영상을 섬네일로 사용하므로 콘텐츠의 순서를 구성할 때 이 점을 확인하고 반영해야 합니다.

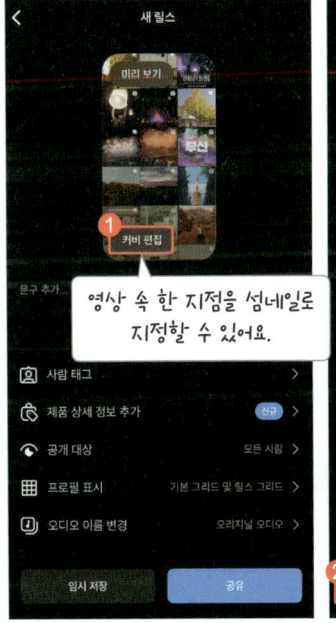

질문 있어요! 캐로셀을 올릴 때 주의할 점이 있나요?

캐로셀을 올릴 때 조심해야 할 부분은, 첫 번째 사진의 크기에 맞게 나머지 콘텐츠의 크기가 자동으로 조절된다는 점입니다. 예를 들어 첫 번째로 선택한 ① 사진의 크기가 4×5라면 그 다음인 ② 9×16 크기의 영상도 자동으로 4×5 크기로 변환됩니다. 그러므로 순서를 정할 때에는 이 점에 유의해 주세요. 자칫하면 중요한 정보가 잘릴 수 있으니 꼭 확인해야 합니다.

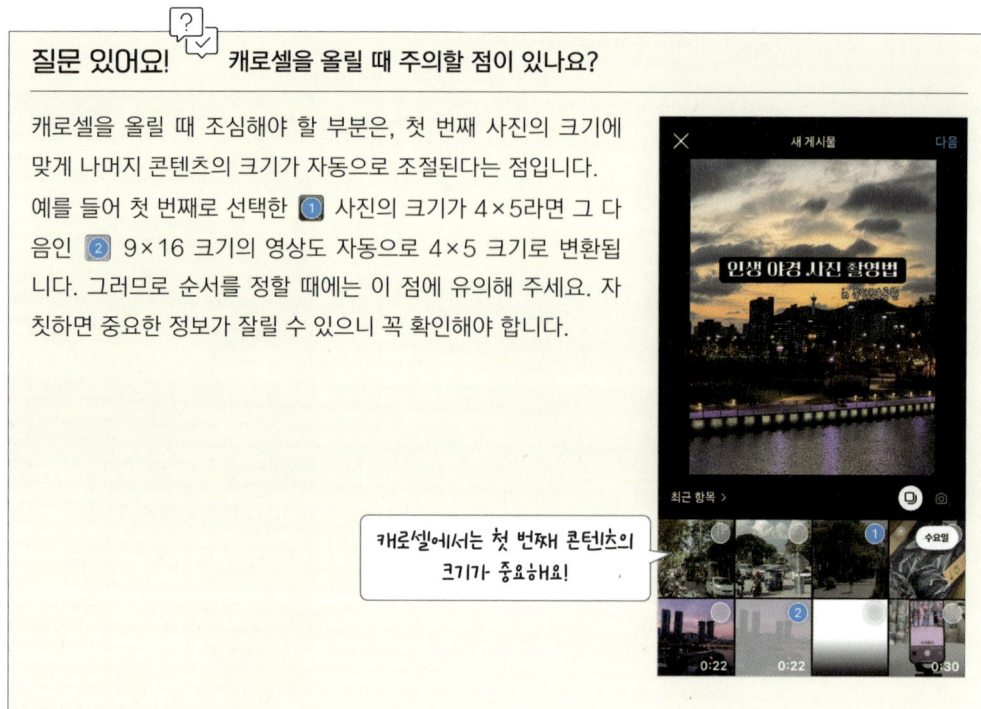

캐로셀에서는 첫 번째 콘텐츠의 크기가 중요해요!

지금 해 봐요 } 릴스 업로드해 보기

인스타그램 화면 아래에 별도로 메뉴가 있을 정도로 릴스는 인스타그램의 핵심 콘텐츠입니다. 또한 인스타그램의 주요 형식에 '릴스'와 '캐로셀'이 있으나 릴스만 시청하는 사람도 많으니 릴스 위주로 올리는 노출 방법도 괜찮습니다. 지금부터 인스타그램에 콘텐츠를 직접 업로드해 보겠습니다.

1. 릴스로 올릴 영상 선택하기

❶인스타그램 화면 아래에서 ⊕버튼을 탭하고 ❷형식을 [릴스]로 전환합니다. ❸완성한 영상이 1개라면 해당 영상을 선택하고, 영상이 여러 개여서 릴스 내에서 편집해야 한다면 모두 선택한 후 ❹[다음]을 탭합니다. 이번 실습에서는 영상 3개를 편집해 보겠습니다.

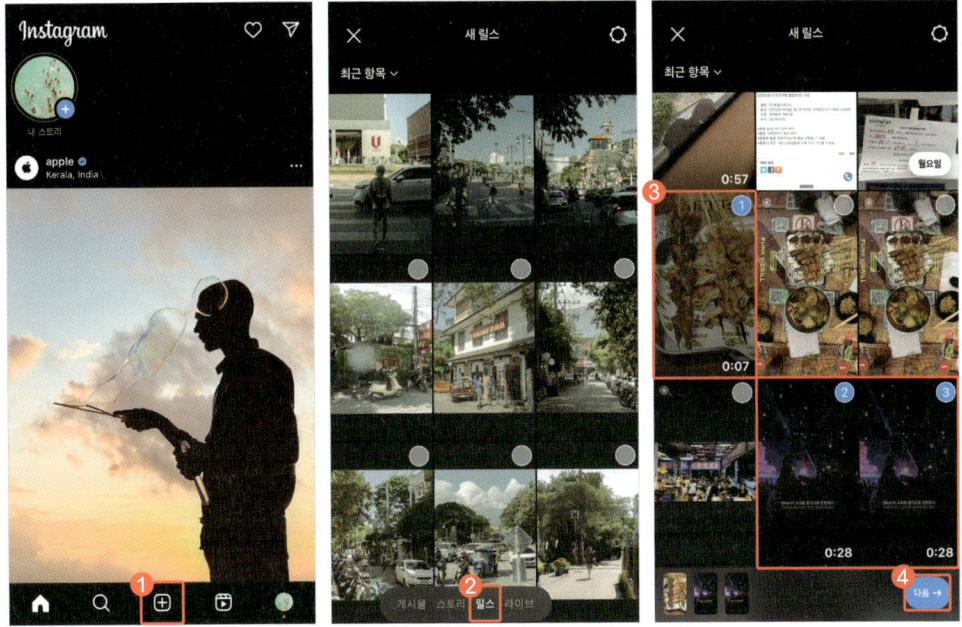

2. 바로 [오디오] 선택 화면이 나타납니다. ❶[검색]을 눌러 추천하는 음악 목록 화면이 나타나면 ❷영상에 어울리는 음악을 선택합니다. ❸[다음]을 탭합니다.

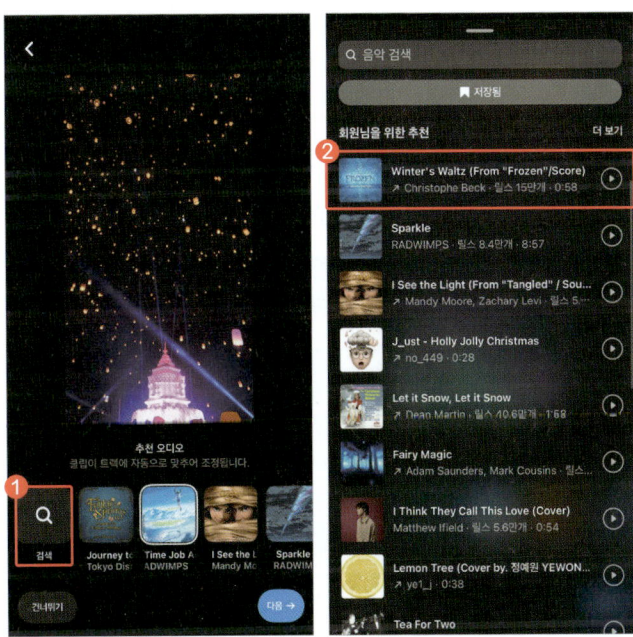

질문 있어요! 어떤 음원을 고르는 게 좋나요?

배경 음악(Background Music, BGM)을 선택할 때 가장 먼저 만나 볼 수 있는 기능은 [추천 오디오]입니다. '추천 오디오'란 영상을 AI가 분석하여 어울리는 BGM을 추천해 주는 기능으로, 분석을 꽤 잘하는 편이어서 대부분의 음원이 영상과 잘 맞습니다.

[음악 검색]에서 원하는 음악을 입력해서 찾거나 바로 아래 [회원님을 위한 추천] 항목 가운데 둘러보고 골라도 됩니다. 저는 주로 다른 사람의 릴스에서 발견한 음원을 따로 저장해 두었다가 [저장됨] 목록에서 선택해서 음원을 적용합니다. 음원은 자신이 편한 방법으로 고르면 됩니다.

▲ [추천 오디오] 기능 사용하기　　▲ [음악 검색] 이용하기　　▲ [저장됨]에서 음악 목록 살펴보기

3. 릴스 편집 화면이 나타납니다. 이 부분은 사전에 영상을 편집하지 않고 인스타그램 내에서 영상을 직접 편집하는 경우에 진행합니다. 편집한 영상을 업로드한다고 가정해 이 단계는 건너뛰겠습니다. [다음]을 탭해 추가 설정 화면으로 이동합니다.

4. 업로드 설정하기

❶ 화면을 위로 스와이프해서 맨 아래에 있는 [옵션 더 보기]를 누릅니다. ❷ [미디어 품질 → 고화질로 업로드]를 필수로 설정해 주세요. ❸ 화면 왼쪽 위에서 ◀를 탭해 이전 화면으로 돌아온 후 ❹ [공유]를 누르면 여러분의 콘텐츠가 세상에 공개됩니다.

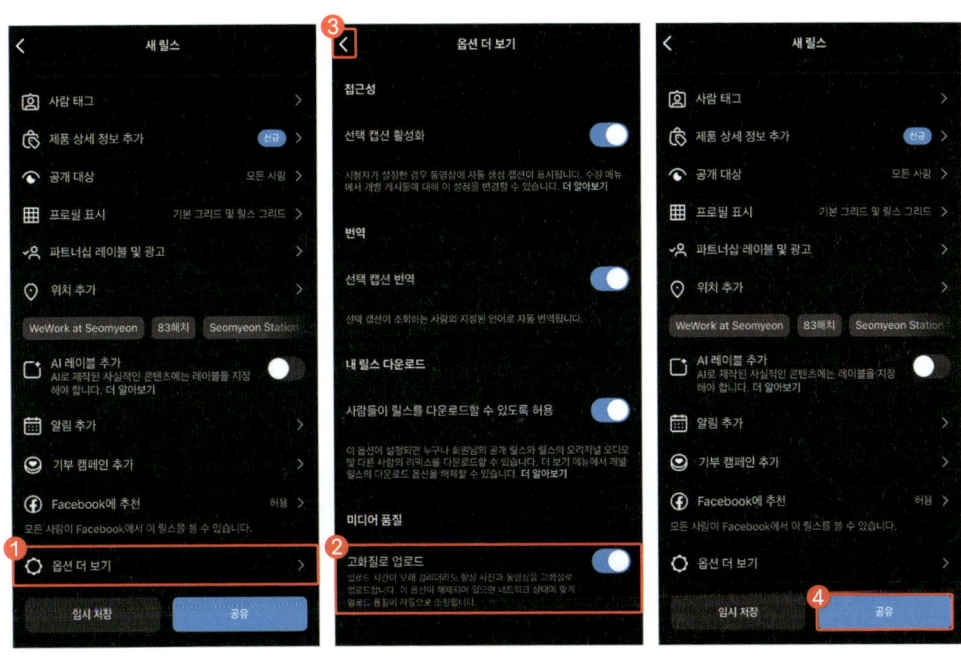

질문 있어요! 다른 설정은 하지 않아도 되나요?

릴스 편집 화면에서 제가 주로 설정하는 메뉴를 오른쪽에 표시해 두었습니다. 함께 있었던 다른 사람의 계정을 태그하는 [사람 태그], 광고성 게시물이라면 설정하는 [파트너십 레이블 및 광고], 해당 사진이나 영상을 촬영한 위치를 설정하는 [위치 추가]는 대부분의 콘텐츠에 적용하는 편입니다.

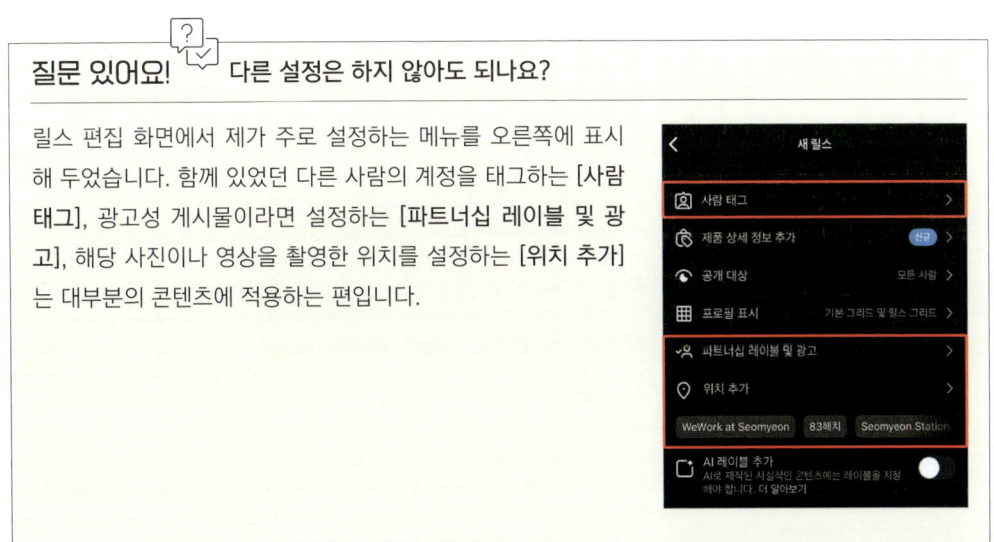

09-3

SNS에서 트렌드를 반영하는 것이 중요한 이유

트렌드를 쫓는 것은 크리에이터의 숙명!

인스타그램 트렌드는 빠르게 변화하고 있습니다. 어제의 유행이 오늘의 유행과 완전히 다르죠. 트렌드의 변화가 얼마나 빠른지 여행하기 전에 기획한 스토리보드를 여행 중에 전부 수정한 적도 있습니다. 과거의 트렌드로 쓴 내용이었기에 사람들의 관심을 이끌어 내려면 새로운 트렌드를 반영하여 스토리보드를 다시 만들어야 했거든요. 이처럼 SNS에서 트렌드를 파악하는 것은 무척 중요합니다.

▲ 계절별 시의성 있는 콘텐츠를 위해 해외 촬영에 나선 모습

트렌드를 읽지 못하는 크리에이터는 도태되기 마련입니다. 모두가 같은 트렌드를 쫓아도 되나 걱정된다는 의견도 있는데요. 트렌드를 따른다고 해서 크리에이터가 자신의 스타일을 잃는 것은 아닙니다. 인기 있는 콘텐츠 트렌드를 빠르게 파악하고 **자신의 스타일에 맞춰 재가공**하는 것이 제가 말하는 '트렌드 반영'입니다.

인기 있는 콘텐츠를 좋아하는 알고리즘

트렌드는 높은 참여를 유도합니다. 하나의 트렌드였던 드라마 〈오징어게임〉이나 〈APT〉 노래 챌린지와 같은 콘텐츠를 빌려 내 콘텐츠에 사용한다고 가정해 보겠습니다. 사람들은 이미 익숙하고 인기 있는 내용에 반응할 것이고, 이는 곧 내 콘텐츠에 참여하는 동기를 유발합니다. 인스타그램의 알고리즘은 인기 있는 콘텐츠를 무척 선호합니다. 댓글, 공유, 저장과 같은 숨은 인사이트 비율이 높은 콘텐츠는 알고리즘의 선택을 받고 탐색 페이지나 게시물, 릴스 탭에 노출될 가능성이 더욱 커집니다. 그 결과 내 계정에 방문하는 사람들의 비율을 높이고 크리에이터의 성장이라는 주 목표를 빠르게 이뤄 낼 수 있습니다.

지금 해 봐요 〉 인스타그램 트렌드 확인하기

인스타그램의 탐색 페이지와 릴스 탭에서 현 시각의 트렌드를 확인하는 2가지 방법을 알아보겠습니다. 지금 인스타그램을 실행하고 트렌드를 빠르게 파악해 보세요. 트렌드를 읽는 연습을 꾸준히 하는 것이 중요합니다.

▲ 인스타그램의 [탐색] 페이지

1. 인스타그램 화면 아래에서 🔍 를 탭해 탐색 페이지에 들어갑니다. 여기에서 자주 반복되는 게시물이나 릴스를 찾아보세요.

만약 계정을 운영한 지 한 달도 채 안 되었다면 탐색 페이지 내의 주제가 천차만별일 수 있습니다. 이럴 때 자신의 계정 성향이나 주제를 다룬 콘텐츠를 꾸준히 시청하여 나와 비슷한 크리에이터가 속한 커뮤니티에 참여해 보세요.

2. [릴스 🎬] 탭을 지속적으로 스크롤하여 인기 있는 오디오, 챌린지를 확인하세요.

인스타그램뿐 아니라 유튜브 쇼츠, 틱톡과 같은 SNS 앱에서도 확인해 보세요. 여러 플랫폼을 동시에 살펴보는 것은 트렌드를 파악하는 가장 좋은 방법입니다.

질문 있어요! 커뮤니티는 어떻게 만들 수 있나요?

특별한 방법이 따로 있는 것은 아닙니다. '커뮤니티'를 만드는 이유는 인스타그램 알고리즘에게 "나는 이런 사람이고 이런 콘텐츠를 좋아해서 커뮤니티를 만드는 거야"라고 알려 주기 위함입니다. 나와 비슷한 콘텐츠를 다루는 크리에이터와 맞팔하고 댓글로 소통하세요. 그럼 여러분의 탐색 페이지는 관련 게시물로 조금씩 채워질 거예요.

하나, 둘, 셋, 찰칵!

숏폼 업로드 기록하기

앞서 배운 내용을 토대로 실제 숏폼을 만들고 플랫폼에 업로드해 보세요. 이때 다음처럼 전체 과정을 4단계로 나누어 중요한 내용을 기록해 봅시다. 이 내용을 토대로 앞으로 올리는 영상의 방향을 고민해 볼 수 있어요.

순서	내용
1	**기획 의도**: 주제는 무엇이고, 어떤 내용을 담았는가? 예) 주제: 민썸이 소개하는 성수 카페 BEST 　　내용: 1만 원으로 즐길 수 있는 성수 카페 리스트를 소개합니다
2	**오디오 클립**: 배경 음악을 정했는가? 그 음악을 선택한 이유는 무엇인가? 예) 배경 음악: 　　선택한 이유:
3	**릴스 내용**: 영상 타이틀, 본문 내용, 영상 길이 등 예) 영상 타이틀: 민썸 작가의 사진 일기 　　본문 스토리보드: 　　영상 길이: 45초
4	**인사이트, 결과** 예) 공감 150, 댓글 30 등

숏폼 업로드 4단계를 진행하면서 어려웠거나 기억하고 싶은 내용이 있다면 아래에 자유롭게 적어 보세요.

선물용으로 좋은 엽서 사진 만들기
[오프라인 편]

최근에 엽서는 기본 기능을 넘어서 인테리어 용도로도 많이 활용합니다.
일부 사진 작가는 자신의 사진으로 포스터나 엽서를 만들어 판매하기도 해요.
저 또한 직접 찍은 사진으로 인테리어 잡화 브랜드를 만들어 운영하고 있어요.
엽서 사진은 꼭 고화소 카메라로 찍어서 제작해야 할까요?
아닙니다. 스마트폰으로도 충분히 만들 수 있어요.
여러분의 멋진 사진을 인테리어 엽서로 만들어 보세요.
스마트폰 갤러리에서 볼 때와 전혀 다른 느낌의 실제 인쇄물을 접할 수 있을 거예요.

10-1 • 엽서에 적합한 사진 선택하기

10-2 • 감성적인 엽서를 만드는 사진 보정법

10-3 • 실물 엽서 제작하기

10-1

엽서에 적합한 사진 선택하기

자신의 취향을 담아 찍은 사진으로 엽서를 만들어 보는 것, 정말 멋지겠죠? 나를 위해 엽서를 만드는 것도 좋지만, 누군가에게 선물하거나 판매를 염두에 둔다면 사람들의 니즈를 충족할 만한 사진을 고르는 것이 정말 중요합니다.

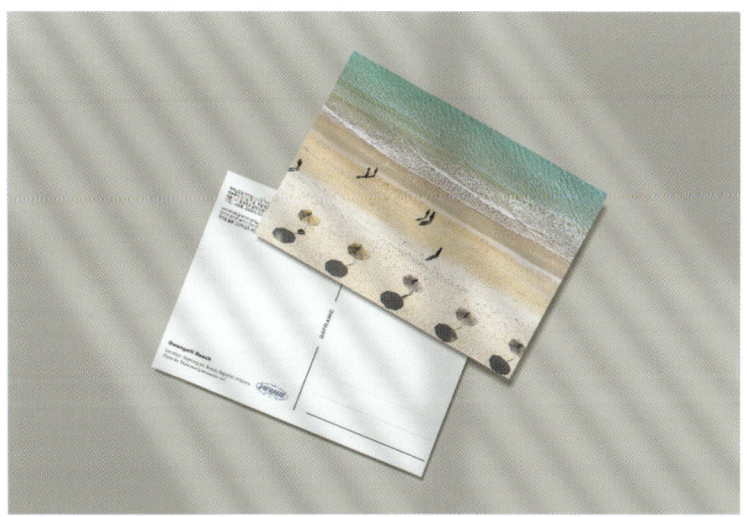

▲ 실제로 저자가 촬영하고 제작해서 판매하고 있는 엽서

엽서용 사진을 고를 때 유념해야 하는 기준 3가지를 살펴보겠습니다.

기준 1. 고대비 색상

엽서는 보는 사람이 감상할 만한 요소를 갖춰야 합니다. 다음 두 사진 중에서 하나만 골라 내 방에 붙여 둔다면 어떤 것을 고를지 생각해 보세요.

▲ 색감 차이가 뚜렷한 사진

▲ 자연스러운 밝은 사진

어떤 것을 골랐나요? 사실 두 사진 모두 엽서로 제작했으나 반응이 더 좋았던 건 왼쪽 사진입니다. 둘 다 감성적이고 아름답지만 왼쪽 사진에 중요한 포인트가 하나 있어요. 바로 '고대비 색상'을 사용했다는 것입니다. 색감 차이가 뚜렷해서 시선을 사로잡고 허전한 벽에 붙였을 때 공간의 분위기를 좌우할 수 있죠. 그래서 요즘엔 색채가 뚜렷한 엽서를 선호합니다.

기준 2. 대칭

저는 여유 있을 때 사진 전시회를 꼭 갑니다. 인스타그램에서 매일같이 수많은 사진을 보지만 사진전에서는 작가나 큐레이터가 엄선한 작품을 감상할 수 있고 현장 분위기도 어울리게 꾸며 놓아 다양한 관점에서 관람할 수 있다는 장점이 있거든요. 사진전을 다니며 특히 인기 있는 사진에 공통점이 있다는 것을 발견했는데요. 바로 '대칭' 구조를 이룬다는 점입니다.

▲ '우연히 웨스앤더슨' 사진전에서 본 대칭을 이룬 작품

대칭을 이룬 사진은 보는 사람에게 안정감과 편안한 느낌을 줍니다. 오늘부터 자신의 일상을 대칭이라는 관점에서 바라보며 관찰해 보세요. 분명 좌우가 비슷한 건물, 사물, 풍경이 있을 거예요. 스마트폰을 열어 '격자' 기능을 활성화한 상태에서 사진을 대칭 구조로 찍고 보정하다 보면 자신만의 멋진 엽서용 사진이 탄생할 거예요!

기준 3. 빛

엽서 사진에서 빛을 세밀하게 표현하면 평면적인 엽서 안에서도 입체감을 줄 수 있습니다. 다음 첫 번째 사진에서 주목할 요소는 저 멀리 있는 구름입니다. 하늘의 빛이 구름에 반사되어 점차 붉게 변하는 모습인데, 자칫하면 아래쪽 오토바이에 시선을 빼앗길 수 있습니다. 오른쪽 사진은 왼쪽 사진에서 구름에 반사되는 빛을 강하게 살리고 오토바이가 있는 아래쪽을 어둡게 표현해서 시선이 구름에 조금 더 집중되도록 보정했습니다.

▲ 구름의 빛을 강조하고 오토바이를 어둡게 보정한 사진

이처럼 사진의 분위기를 만드는 중요한 요소는 '빛'입니다. 사진을 찍을 때 빛을 최대한 살려 기록하고 빛줄기를 강조하는 방향으로 보정해 보세요. 빛이 차가운 사진은 현대적인 분위기가 맴도는 공간에 어울리고, 따뜻한 사진은 채광이 좋은 브런치 카페에 어울립니다. 빛의 온도와 농도에 따라 분위기가 완전히 달라진다는 것을 꼭 기억하세요.

▲ 하늘을 물든 분홍빛 색감을 살려 보정한 엽서 사진

지금 해 봐요 〉 엽서로 만들 사진을 고르고 모아서 보기

갤러리에 저장해 놓은 사진 수천 장 가운데 마음에 드는 사진을 어떻게 쉽게 표시하고 관리하는지 소개하겠습니다. 라이트룸을 활용하면 아주 간단하게 사진을 모아 볼 수 있습니다.

1. ❶라이트룸을 실행해 화면 아래에서 [Lightroom]을 탭한 후 ❷화면 위에서 [모든 사진]을 선택합니다.

2. ❶라이트룸 화면 아래쪽에서 [새로 만들기]를 탭하고 ❷[앨범]을 선택합니다. ❸[앨범 만들기] 화면이 나타나면 앨범 이름을 입력하고 ❹[확인]을 눌러 저장합니다.

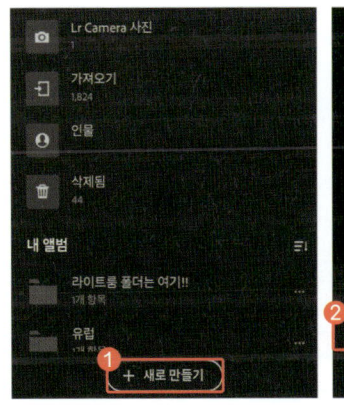 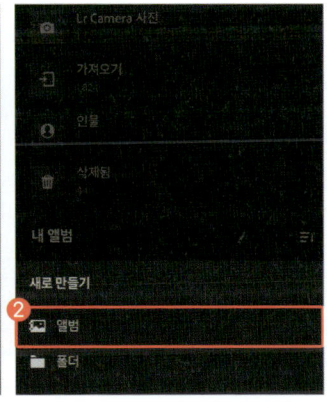 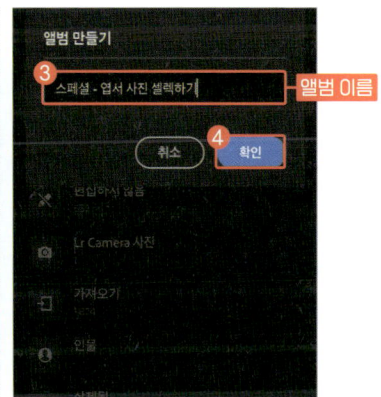

3. 생성한 폴더를 눌러 앨범으로 들어갑니다. ❶오른쪽 아래에 있는 [사진 추가 🖼]를 누른 후 ❷사진이 저장된 경로를 선택합니다. 보통 스마트폰 갤러리는 [장치]를 선택하면 됩니다. ❸갤러리에서 원하는 사진을 모두 선택하고 ❹[추가]를 탭합니다.

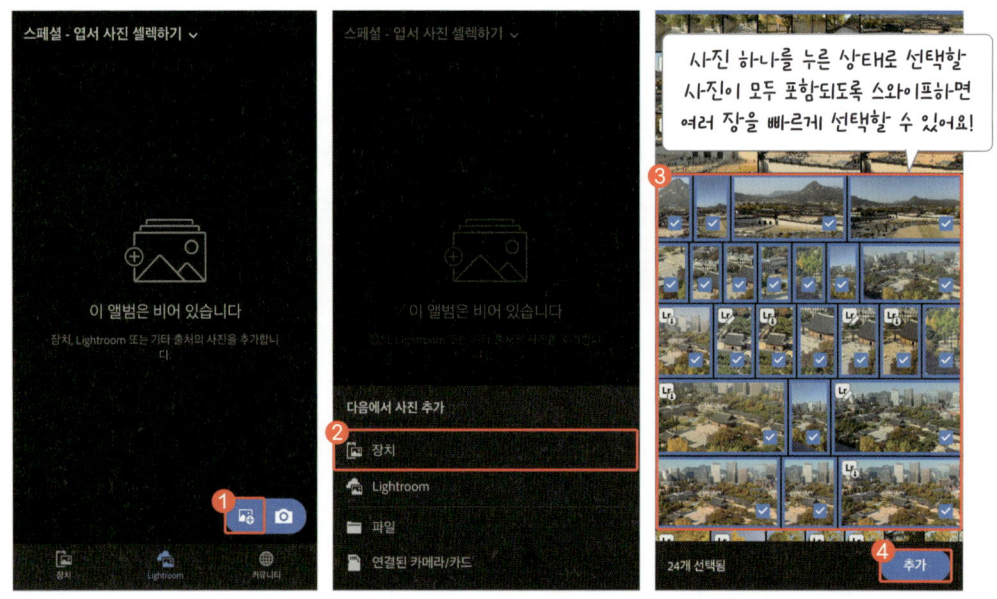

사진 하나를 누른 상태로 선택할 사진이 모두 포함되도록 스와이프하면 여러 장을 빠르게 선택할 수 있어요!

4. 앨범에 넣은 사진 하나를 선택해 [설정 ⋯ → 정보 및 등급]을 탭합니다. 여기에서 사진을 하나씩 평가할 수 있습니다.

5. ❶사진마다 별 아이콘 ★을 눌러 별점을 설정하거나 ❷ 플래그(▣ ▣)를 지정합니다. 보정할 A급 사진은 플래그를 [채택 ▣]으로, 버릴 사진은 [제외 ▣]로 지정하면 편하게 구분할 수 있습니다.

6. 다시 앨범 화면으로 돌아가 [설정 ▣ → 정보 오버레이 → 플래그 및 평가]를 선택합니다. 이제 전체 섬네일에서 자신이 평가한 내용을 직관적으로 확인할 수 있습니다.

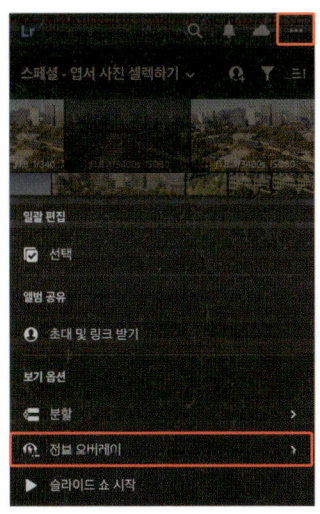 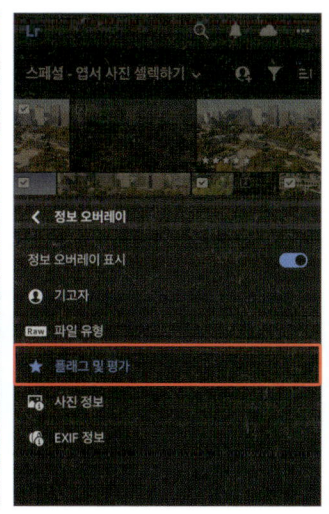 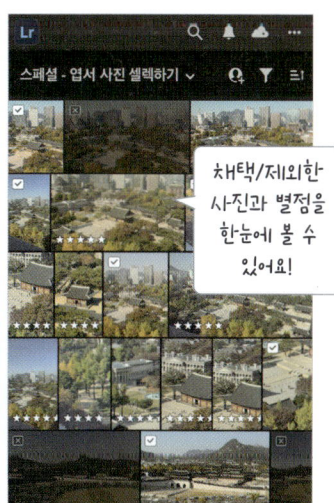

7. 평가한 사진을 별점/플래그로 모아 보기

❶[필터 ▼]를 선택해 ❷[필터링 기준]에서 별점 또는 플래그를 설정하면 ❸자신이 평가한 사진을 모아 볼 수 있습니다.

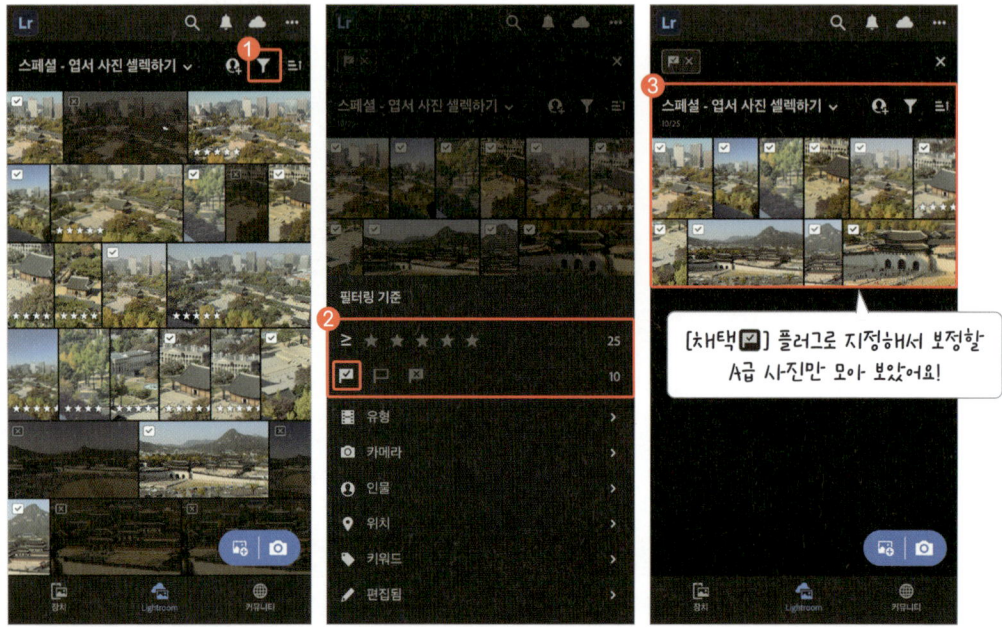

10-2

감성적인 엽서를 만드는 사진 보정법

보정 전

보정 후

 민썸의 사진 레시피

핵심 보정 순서: [자르기] → [곡선] → [색상 혼합] → [마스크] → [효과]

앞서 배운 내용만 활용해도 엽서 느낌을 살려 사진을 예쁘게 보정할 수 있습니다. 만약 잘 팔리는 엽서의 특징을 사진에 녹여 내고 싶다면 이번 절에서 다루는 3가지 노하우를 꼭 적용해 보길 바랍니다. 핵심 보정 포인트는 10-1절에서 소개한 엽서용 사진을 고를 때 유념해야 하는 기준 3가지와 동일한 **고대비 색상**, **대칭**, **빛**입니다.

지금 해 봐요 } 엽서 사진 보정하기

1. 엽서 크기로 자르기

라이트룸을 실행해 보정할 엽서 사진을 불러옵니다. ❶[자르기]에서 일반적인 엽서 크기인 4×6인치와 같은 비율인 [3×2]를 선택하고 사진의 위치를 조절합니다. ❷[수평맞춤]을 사용하면 틀어진 사진을 쉽게 교정할 수 있어요.

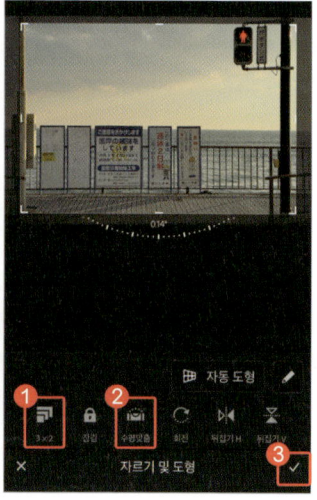

사진 내려받기

2. 고대비 색상 적용하기

첫 번째 핵심 보정 포인트로 고대비 색상을 적용해 보겠습니다. 먼저 [밝기 → 곡선]에서 점 곡선을 조절합니다. 노을 시간대에 촬영한 사진이다 보니 오른쪽 위에서 빛이 들어오는 것이 보입니다. 아래쪽 그림자와 하늘에 번지는 노을빛이 살아나서 대비가 올라가도록 곡선을 조절합니다.

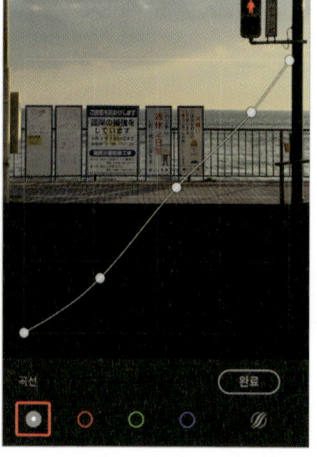

3. 그 다음으로 사진 속 개별 색상을 조절하여 고대비 색상을 더욱 풍부하게 표현해 보겠습니다. **[색상 → 색상 혼합]**에서 색조, 채도, 휘도를 각각 조절합니다. **[색상 선택]** 아이콘을 사용해도 좋고 메뉴에서 색상을 하나씩 선택해서 조절해도 됩니다.

> 강조하고 싶은 색상은 채도를 더욱 진하게(+), 그렇지 않은 색상은 탁하게(-) 조절하면 고대비 색상을 더욱 풍부하게 표현할 수 있어요.

민썸의 사진 레시피

[빨강] 색조 -44 | 채도 -40 | 휘도 -10
[주황] 색조 -44 | 채도 +33 | 휘도 +15
[노랑] 색조 -35 | 채도 +45 | 휘도 -3
[초록] 색조 -29 | 채도 +19 | 휘도 0
[파랑] 색조 -80 | 채도 -77 | 휘도 -48

4. 빛을 풍부하게 표현하기

두 번째 핵심 보정 포인트로 사진 속의 빛을 세밀하게 표현하여 분위기를 살려 보겠습니다. ❶**[마스크 ⊙]** 탭을 누르고 ⊕를 탭해 **[방사형 그레이디언트]**를 선택하고 ❷원을 그려 영역을 지정합니다. 원이 클수록 효과를 자연스럽게 적용할 수 있습니다. ❸**[영역 반전 ▣]**을 눌러 바깥쪽 영역으로 지정되도록 설정하고 ❹**[밝기]**와 **[색상]** 탭을 조절합니다. ❺✔를 탭해 적용합니다.

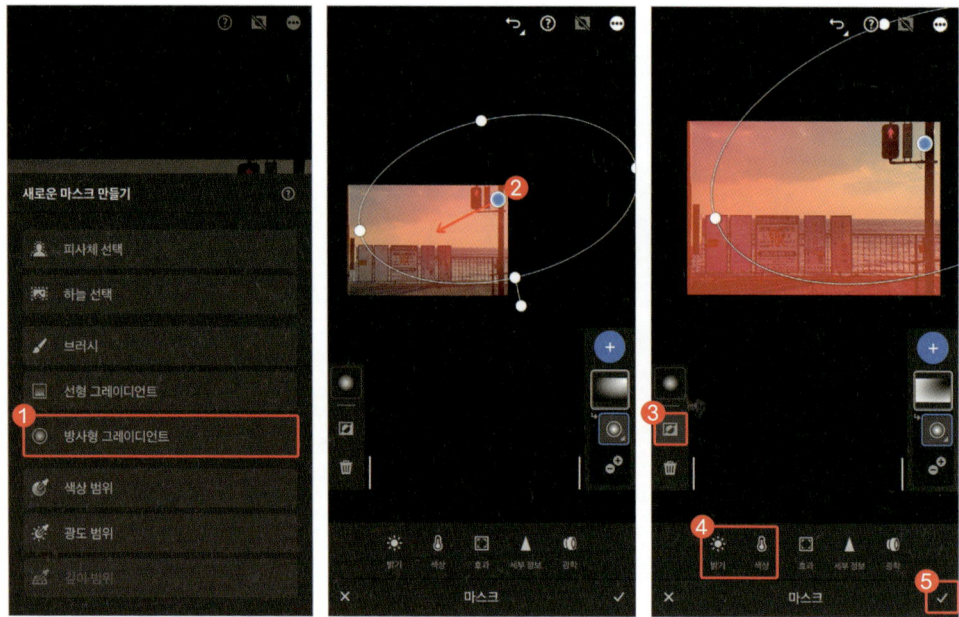

 민썸의 사진 레시피

[밝기] 노출 -0.2 | 대비 +15 | 밝은 영역 -10 | 어두운 영역 -36 | 흰색 계열 -10
[색상] 색온도 +7 | 채도 +5

5. [효과 → 그레인]에서 [그레인], [크기], [거칠기] 슬라이더를 조절해 질감 효과를 추가합니다.

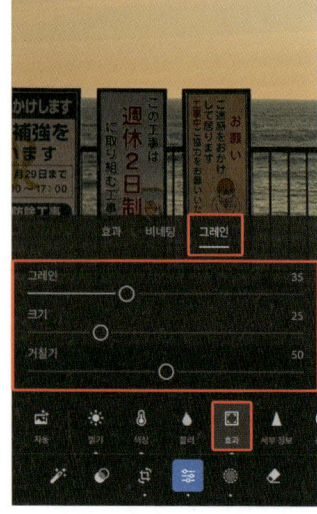

 민썸의 사진 레시피

[그레인] 그레인 +35 | 크기 25 | 거칠기 50

6. 인쇄용으로 출력하기

인쇄용 사진은 일반 사진과 달리 다음과 같이 추가로 설정해야 합니다. ❶[공유 □ → 다른 이름으로 내보내기...]를 선택합니다. ❷[파일 유형]은 [JPG], [차원]은 [사용 가능한 가장 큰 치수], [이미지 품질]은 [100%]로 설정하고 ❸[워터마크 포함]의 토글 버튼을 선택 해제합니다.

이어서 ❹[추가 옵션]을 눌러 ❺[메타데이터 포함], [카메라 정보], [위치 정보]의 토글을 해제하고 ❻[출력 선명하게 하기]를 [매트 용지], [양]을 [고], [색상 공간]을 [sRGB]로 설정합니다. ❼화면 위 왼쪽에서 □를 탭해 이전 화면으로 돌아갑니다.

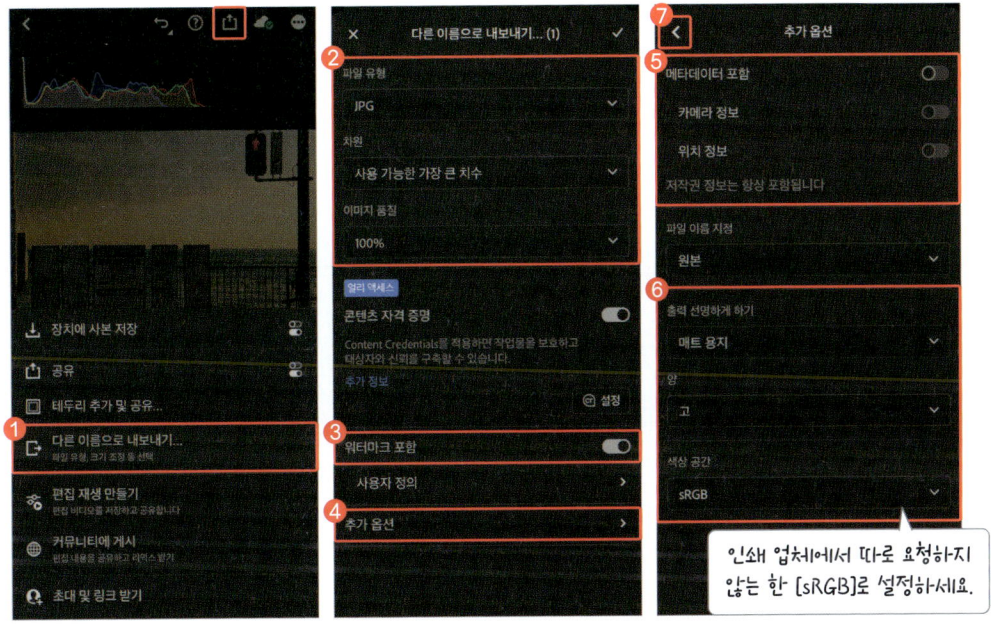

> 메타데이터에는 촬영 위치와 카메라 정보 등이 포함됩니다. 인쇄 업체에 엽서 제작을 의뢰할 때에는 민감한 정보가 들어 있는 기능은 해제하는 것이 좋습니다.

7. □를 탭하면 사진 출력(렌더링)이 진행되는 화면이 보입니다. 이때 별도의 화면이 나타나면 [이미지 저장]을 눌러 주세요.

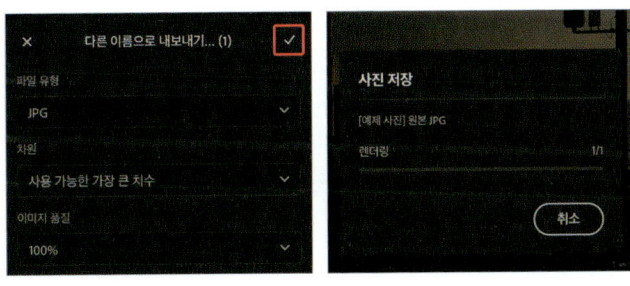

10-3
실물 엽서 제작하기

내가 찍은 사진을 엽서로 편집한 후 인쇄해서 실물 굿즈로 만들어 판매한다고 상상해 보세요. 한 번도 제작해 보지 않았다면 막연하겠지만, 사실 정말 간단하게 실물을 세상에 선보일 수 있습니다. 이번 절에서는 '오프린트미' 앱에서 실물 엽서를 소량으로 발주해 제작하는 방법을 알아보겠습니다.

◁ 엽서 앞면

◁ 엽서 뒷면

지금 해 봐요 〉 내 사진으로 엽서 발주하기

스마트폰으로 엽서를 발주할 수 있습니다. 먼저 엽서에 사용할 사진을 보정해서 준비해 주세요. 바로 앞 10-2절에서 실습한 사진을 활용해도 좋고 자신이 직접 촬영해서 보정한 사진을 써도 좋아요. 이번 실습에서는 '오프린트미'라는 앱을 사용할 거예요. 미리 앱스토어 또는 플레이스토어에서 내려받아 회원 가입까지 마쳐 주세요.

오프린트미 로고

1. 오프린트미 앱을 실행한 뒤 ❶왼쪽에 있는 메뉴 바를 열어 ❷[카드 → 기본 카드]를 선택합니다. ❸사이즈를 [102×152], 용지를 [소프트], 수량은 [10]으로 설정하고 ❹[디자인 시작하기]를 누릅니다.

2. ❶[직접 디자인 하기]를 선택하고 ❷화면의 형태는 사진의 종류에 맞게 고릅니다. 10-2절에서 보정한 사진을 사용한다면 [가로선택]을 선택합니다.

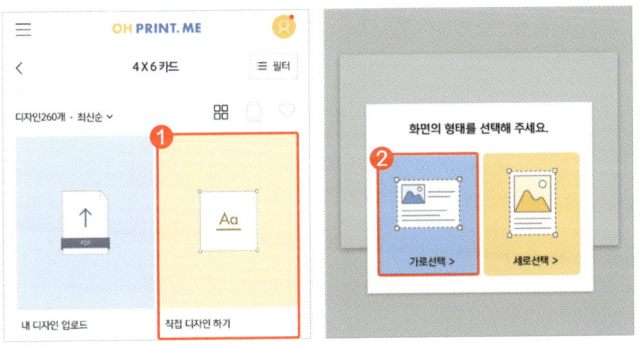

3. 가로 형태의 흰색 종이가 나타납니다. 엽서는 기본적으로 양면을 디자인할 수 있어요. 아래쪽에서 표지와 내지를 선택할 수 있는데, 앞면과 뒷면으로 생각하면 됩니다. 먼저 **[표지]**를 선택한 상태에서 준비한 사진을 불러와 화면에 꽉 채워 줄 거예요. **[추가 ⊗ → 사진]**을 눌러 갤러리에서 사진을 불러옵니다.

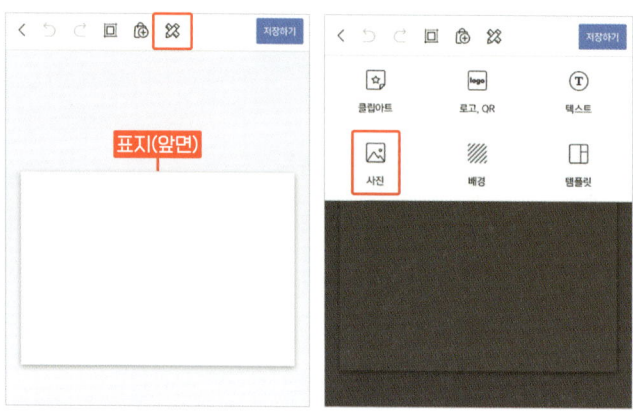

4. 엽서를 재단할 때 생길 수 있는 오차 범위를 고려해서 사진이 엽서 판면에 가득 차도록 크기를 여유 있게 조절합니다.

▶ 사진 보정 작업을 하기 전 자르기 단계에서는 나중에 재단할 때를 생각해서 사진을 조금 축소한 후에 잘라 내는 것도 좋은 방법입니다.

5. 이후 동일한 엽서를 재주문할 수도 있으므로 설정을 저장해 두겠습니다. ❶화면 오른쪽 위에 있는 [저장하기]를 누른 후 ❷디자인 이름을 입력하고 ❸[저장하기]를 탭합니다. ❹장바구니에 들어가서 [주문하기]를 선택합니다.

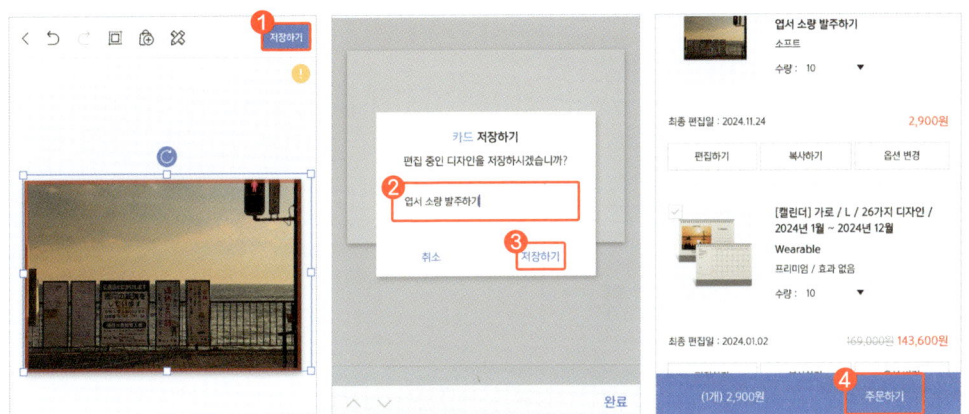

6. 며칠 지나면 나만의 엽서를 받아 볼 수 있습니다.

▲ 저자가 직접 촬영하고 보정한 사진으로 제작한 엽서 모음

[보너스]

22만 팔로워가 반한
민썸 작가의 색감 레시피

[보너스]에서는 제 인스타그램 계정에 소개한 사진 중에서
가장 뜨겁게 관심을 받은 사진의 라이트룸 색감 레시피를 공개합니다.
촬영 장소와 함께 어떤 색감값을 활용하여 사진을 보정했는지,
보정할 때 어떤 부분을 강조하려고 했는지 등을 라이트룸 설정 화면과 함께 설명합니다.
앞으로 여러분의 사진 생활에 도움이 되는 귀중한 정보가 되었으면 좋겠습니다.

색감 레시피 1 • 역대급 가을 풍경 '반계리 은행나무'

색감 레시피 2 • 분홍빛 노을 속 비행기

색감 레시피 3 • 이국적인 부산 여행지 '청사포'

색감 레시피 1

역대급 가을 풍경 '반계리 은행나무'

보정 전

보정 후

 민썸의 사진 레시피

핵심 보정 순서: [자르기] → 기본 보정 [밝기, 색상] → 색감 보정 [색상 혼합, 색상 등급] → [효과]

반계리의 은행나무를 아시나요? 강원도 원주시 문막읍에 있는 '반계리 은행나무'는 800년도 넘은 오래된 나무라고 해요. 그만큼 나무의 두께도 굵고 은행나무 잎도 무성하답니다. 반계리 은행나무를 찍고 보정하는 관점은 정말 여러 가지겠지만, 저는 파스텔 톤의 하늘과 노란 은행나무 잎의 색상에 주목해 다음과 같은 포인트를 염두에 둔 채 사진을 자르고 보정을 진행했습니다.

민썸의 사진 레시피

[밝기] 노출 0 | 대비 -25 | 밝은 영역 +33 | 어두운 영역 +8 | 흰색 계열 -14 | 검정 계열 +28
[색상] 색온도 6300K | 색조 -4 | 생동감 +45 | 채도 +16
[색상 혼합 - 파란색] 색도 +3 | 채도 +24 | 휘도 0

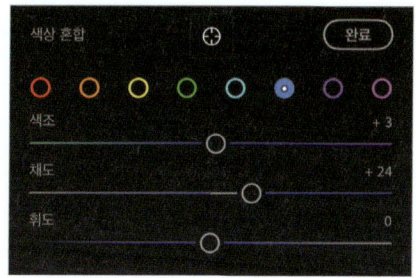

[색상 등급 - 밝은 영역] 색조 75, 채도 61 | 휘도 +69, 혼합 +65
[색상 등급 - 중간 영역] 색조 52, 채도 16 | 혼합 +65

 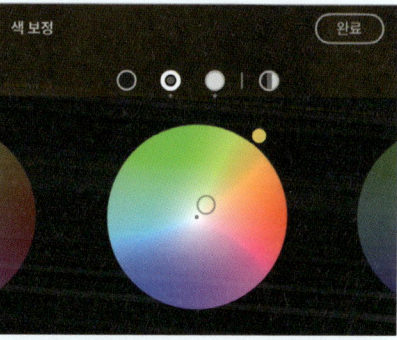

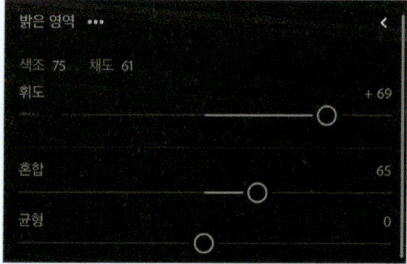 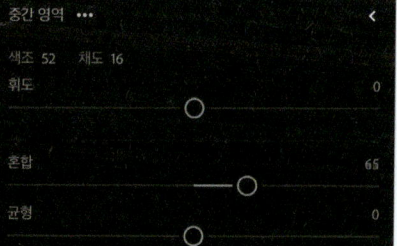

[효과] 부분 대비 -50

색감 레시피 2

분홍빛 노을 속 비행기

보정 전

보정 후

 민썸의 사진 레시피

✎ 핵심 보정 순서: [자르기] → 기본 보정 [밝기, 색상] → 색감 보정 [색상 혼합, 색상 등급] → [효과]

분홍빛 노을이 물든 하늘을 뚫고 지나가는 비행기. 정말 그림 같은 구도지요? 이 사진을 찍기 위해서는 분홍빛으로 적절히 물든 하늘, 구름의 양, 비행기의 각도까지 삼박자가 모두 맞아떨어져야 합니다.

이 사진의 주요 피사체는 비행기입니다. 비행기를 가운데 두되 아래쪽 분홍빛 노을 부분이 많이 보이도록 사진을 잘랐어요. 하늘과 노을 색감을 조금씩 더 손보면 완성입니다!

민썸의 사진 레시피

[밝기] 노출 0.1 | 대비 20 | 밝은 영역 0 | 어두운 영역 0 | 흰색 계열 0 | 검정 계열 -25
[색상] 색온도 6650K | 색조 4 | 생동감 6 | 채도 0
[색상 등급 - 밝은 영역] 색조 8, 채도 16 | 혼합 +50
[색상 등급 - 중간 영역] 색조 334, 채도 3 | 혼합 +50

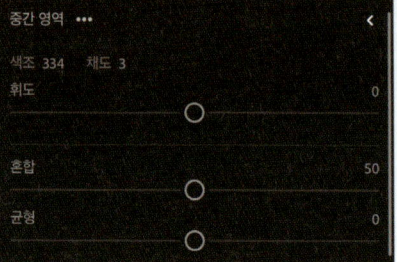

[효과] 부분 대비 -10 | 그레인 35

색감 레시피 3

이국적인 부산 여행지 '청사포'

보정 전

보정 후

 민썸의 사진 레시피

🍳 핵심 보정 순서: [자르기] → 기본 보정 [밝기, 색상] → 색감 보정 [색상 혼합, 색상 등급] → [효과]

부산의 청사포에서 만화 《〈슬램덩크〉》에 나온 철도역과 닮은 장면을 만날 수 있습니다. 이 사진에서는 넓은 도로, 기차 등이 모두 가로로 긴 형태이기 때문에 가로로 잘랐습니다. 앞쪽의 도로 영역도 너무 넓게 찍혔으니 해변열차와 바다가 잘 보이도록 잘라냅니다. 눈에 거슬리는 전깃줄 등은 [제거 → 생성형 AI]로 삭제할 수 있어요. 참고로 저는 현장감을 살리기 위해 삭제하지 않는 편입니다.

 민썸의 사진 레시피

[밝기] 노출 0.28 | 대비 -29 | 밝은 영역 17 | 어두운 영역 76 | 흰색 계열 19 | 검정 계열 84
[색상] 색온도 6250K | 색조 3 | 생동감 50 | 채도 18
[색상 혼합 - 파란색] 색조 -6 | 채도 +59 | 휘도 0

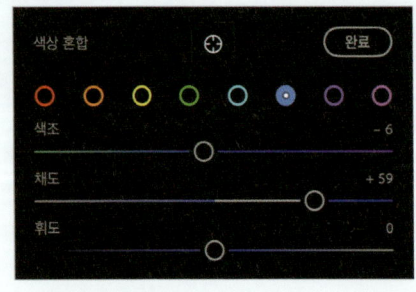

[효과] 그레인 35

찾아보기

한글

갤럭시	15
검정 계열	90
격자	37
고스트 플레어	159
골든아워	28, 80
구도	30
그레이디언트	102
그레인	104
그림자	56
내보내기	105
노이즈 감소	56
노출	56, 90
니 샷	145
닌자 워킹	219
단풍 사진	167, 171
달 사진	192
대비	56, 90
디헤이즈	104
따뜻함	56
라이트룸	67, 71
랜드마크	139
렌즈 클리너	21
렌즈 필터	48
릴스	237
마스크	99
명료도	56
명암비	56
반계리 은행나무	267
밝기	56
밝은 영역	90
벚꽃 사진	118
베스트 샷	193
부분 대비	104
불꽃 사진	199
블랙 포인트	56
블루아워	80
비네트	56
비네팅	104
삼각대	47
색 선명도	56
색상 등급	97
색상 혼합	96
색온도	94
색조	56, 94
생동감	56, 94
새도우	56
선명 효과	56
선명도	56
셔터 속도	201
솟폼	211
수준기	38
수직/수평 안내선	39
수평 맞춤	87
스냅시드	20, 57
스레드	231
스마트폰용 그립	180
스와이프	59
스토리보드	216
아웃 포커스	146
아이폰	15, 53
액션 모드	220
야경 사진	174
어두운 영역	90
에픽	20
역광	131
엽서	249
오프린트미	263
워터마크	107
유튜브	232

275

찾아보기

윤슬	156
음식 사진	185
인스타그램	231
자동 도형	88
자동 보정	74
자르기	86
점 곡선	91
정가운데 법칙	33
주산지	171
지브리 색감	151
짐벌	46, 219
창덕궁 후원	172
채도	56, 94
청사포	273
카페 사진	129
캐로셀	233
캡컷	223
커플 샷	144
클리핑 현상	77
클린업	16
타임랩스	178
텍스처	104
톤 곡선	91
틱톡	232
평행선 법칙	33
풀 샷	145
프레이밍	145
프로 모드	16
프리셋	109
피사체 선택	101
하늘 사진	161
하이라이트	56
화담숲	171
화이트 밸런스	61, 202
휘도	56
흰색 계열	90
히스토그램	88

영문

AI 복구	111
AI 지우개	16
EV	17
Expert RAW	44
FOCUS	17
FPS	221
Full HD	220
ISO	17, 201
ProRAW	42
RAW	40
RGB 곡선	91
SPEED	17
WB	17

숫자

1/3 법칙	32
100배 줌	193
3분할 법칙	31
4K	220